밥 프록터
부란 무엇인가

부를 끌어당기는
7일간의 위대한 수업

밥 프록터
부란 무엇인가

밥 프록터 지음 · 샌디 갤러거 서문 · 이주만 옮김

"당신은 부자로 태어났습니다"
The Art of Living

✦ 차례 ✦

당신은 얼마를 원하는가?

✦

부르는 만큼 당신에게 풍요를 가져다줄 책

지난해 밥 프록터의 첫 신간이 출간된 데 이어 네 권의 책을 감수하고 추천사를 썼는데, 일 년 사이 다섯 번째 추천사를 쓰게 되다니, 한국에서 밥 프록터의 인기를 다시금 실감하게 된다. 개인적으로는 최근 자기계발서의 거장이라고 불리는 세계적인 스승들, 얼 나이팅게일, 웨인 다이어, 밥 프록터의 대표작에 한국 대표로 추천사를 쓰게 되어 영광스럽고 감사할 따름이다.

2009년 2월 미국 트레이닝에서 돌아왔을 때, 밥 프록터의 비즈니스 파트너라고 나를 소개하면 "누구요? 밥 누구?"라는 반응이 보통이었다. 밥 프록터를 아는 사람이 드물었고, 마인드 수업을 듣는 사람은 정신이 이상하다는 편견을 지닌 이가 많왔다. 그런데 15년이 지난 지금, 마인드를 얘기하는 사람이 많아지고 이렇게 밥 프록터의 베스트셀러들이 쏟아져 나오다니! 마인드파워 강화와 의식 성장, 그의 '찐 가치'를 알아보는 사람이 한국에 더 점점 많아지는 것 같아 기쁘고 감사하다.

『밥 프록터 부란 무엇인가』에서 나온 이야기를 좀 더 보충 설명하자면, 1970년대에 밥 프록터가 미국에서 크게 유명해진 계기 중 하나는 푸르덴셜 생명에서 진행한 세일즈 트레이닝이었다. 푸르덴셜 생명 첫 세일즈 워크숍에서 밥 프록터가 "여기 있는 분 가운데 올해 안에 계약 실적 500만 달러 이상을 달성하는 사람이 나타날 겁니다"라고 자신 있게 말했다. 사람들은 웬 듣도 보도 못한 사람이 헛소리를 한다며, 밥 프록터가 미쳤다고 생각했다. 그도 그럴 만한 게, 첫 번째로 그때가 7월 말이어서 그해가 5개월밖에 남지 않은 시점이었고, 두 번째로는 푸르덴셜 생명 100년 역사상 그때까지 아무도 500만 달러 실적을 일으킨 사람이 없었기 때문이다! 그런데 다음 해 1월이 됐을 때 아무도 밥 프록터가 미쳤다고 말하지 않았다.

그 교육을 들었던 돈 슬로반이라는 사람이 12월 둘째 주에 판매 실적 520만 달러 돌파, 그리고 12월 말에는 600만 달러

웃도는 실적을 기록한 것이다! 그리고 그를 이어 500만 달러 실적을 돌파하는 영업사원들이 나타났다. 이 계기로 인해서 미국 내 수많은 푸르덴셜 지점에서 밥 프록터의 세일즈 워크숍이 열렸고, 푸르덴셜 생명의 순이익이 몇백 억대로 증가했다.

미국 트레이닝에서 만났던 푸르덴셜 생명 미국 남서부 지역 총괄 영업 담당 부사장 폴 허시에 의하면, 밥 프록터로 인해 영업사원들의 마인드가 크게 변한 이후, 푸르덴셜 생명은 지속적으로 성장하여 30년 동안 증가한 수익은 몇천억 대로 추산된다고 한다.

나는 억대 매출 달성자와 억대 연봉자가 강력 추천하는 프로그램인 밥 프록터의 '미션 인 커미션Mission in Commission 세일즈 프로그램'을 한국에 들여와 진행하며 수많은 이의 세일즈 실적과 사업 매출이 급상승하는 것을 자주 보았다.

택배 물류 센터에서 밤에 일을 시작했습니다.
가난, 빚, 종일 힘들게 일해도 월 250만 원.
아이 기저귓값에 하루하루 어마어마하게 늘어나는 이자를 갚을 수가 없었습니다.
'이번엔 꼭 저세상으로 가야지…'라고 마음먹었을 때 조성희 대표님을 만났습니다.

예전엔 모닝을 렌탈해서 다니며 '매달 30만 원을 감당할 수 있을까?' 걱정이 태산이었는데,

월 1000만 원, 2000만 원, 3000만 원까지 달성!

지금은 강남에 벤츠 계약해놓은 여자랍니다!

머니 특강과 마인드파워 세일즈 교육을 들었던 보험 설계사 한 분이 자신의 수입 기록을 공개하며 후기로 남겨주신 글이다.

내향적이었고 소극적이었던 그분은 자신의 월급만으로는 빚을 갚을 수 없다고 생각했고 돈을 많이 벌고자 영업에 뛰어들었지만, 실적이 좋지 않아 수입이 월 45만 원에 그쳐 있었다. 이처럼 세일즈는 누군가에게는 가장 낮은 수입원이 되기도 하고, 누군가에게는 가장 높은 수입원이 되기도 한다.

그렇다면 대체 무엇이 바뀌었기에 불가능하다고 생각했던 일이 가능해진 것일까?

"I am not a body. I live in a body나는 신체가 아니다. 나는 신체 안에 살고 있다."

미래를

풍요롭게

가꾸는

월북의

"우리는 습관을 만들고, 습관은 우리를 만든다."

『부자의 언어』 중에서

책 — 들

월북

성장하는 비즈니스의 원칙과 전략

마케팅 설계자

자동 수익을 실현하는 28가지
마케팅 과학

러셀 브런슨 지음 | 이경식 옮김

브랜드 설계자

구매 전환율을 높이는 19가지
브랜드 과학

러셀 브런슨 지음 | 홍경탁 옮김

무기가 되는 스토리

브랜드 전쟁에서 살아남는
7가지 문장 공식

도널드 밀러 지음 | 이지연 옮김

7가지 코드

IT 격전장에서 승리하는 7대 법칙

닐 메타, 아디티야 아가쉐, 파스 디트로자 지음 |
이정미, 최영민 옮김

기빙 파워

성공적인 리더들이 파워를 내려놓는 법

매슈 바전 지음 | 이희령 옮김

우리의 내일을 바꾸는 새로운 기술

AI 이후의 세계

인공지능 시대를 마주하기 위한 필수 교양서

헨리 A. 키신저, 에릭 슈밋, 대니얼 허튼로커 지음 |
김고명 옮김

그렇게 쓰면 아무도 안 읽습니다

브랜드와 서비스의 언어를 가꾸는
UX 라이터의 글쓰기

전주경 지음

최소한의 IT 언어

다음 10년을 위한 디지털 문해력 수업

비나이 트리베디 지음 | 김고명 옮김

IT 좀 아는 사람

비전공자도 IT 전문가처럼 생각하는 법

닐 메타, 아디티야 아가쉐, 파스 디트로자 지음 |
김고명 옮김

코딩 좀 아는 사람

디지털 언어를 환대하는 현명한 자세

제러미 키신 지음 | 오현석 옮김

'부'를 바라보는 가장 정확한 통찰

밥 프록터 부의 원리

밥 프록터 48년 연구의 최종 완결판

밥 프록터 지음 | 이재경 옮김 | 조성희 감수

부자의 언어 | 골드씨드 에디션

아버지가 아들을 위해 쓴 부에 대한
인생 수업

존 소포릭 지음 | 이한이 옮김

초가치

세계적 금융 리더의 빛나는 통찰과 제언

마크 카니 지음 | 이경식 옮김

부의 빅 히스토리

2000년 세계 경제를 꿰뚫는 성장 탐구서

마크 코야마, 재러드 루빈 지음 | 유강은 옮김

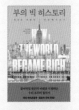

투자하기 전 경제를 공부합니다

일상에 깃든 경제 원리를 배우면
보이는 것들

루팔 파텔, 잭 미닝 지음 | 이경식 옮김

2009년 1월 미국 트레이닝에서 이 문장을 크게 거듭 외치며 이 말이 대체 무슨 뜻인지 곱씹었던 기억이 난다.

대부분의 사람은 내 손, 내 눈, 내 다리 등 내 육체가 나라고 생각하지만, 사실 **나는 육체 안에 살고 있는 영적인 존재다.** 즉, 보이지 않는 마인드가 우리가 현실에서 겪고 있는 모든 것을 컨트롤한다는 것이다.

우리는 무한한 영적인 존재다. 그래서 이 책에서 밥 프록터는 "이미 당신 안에 모든 것이 있다"고 말한다. 우주라는 공급원은 무한하기에 우리가 자기 몫을 아무리 많이 챙겨도 다른 사람들의 몫은 여전히 충분하다는 것이다.

그렇기에 당신은 세상의 모든 풍요로운 것을 누릴 자격이 있으며 누릴 만한 사람이라는 것을 기억하자! 이것을 마음속에 새기고 나 자신을 그렇게 바라보는 것에서 모든 변화가 시작될 것이다.

대부분의 세일즈 교육에서는 영업을 잘하는 스킬, 클로징을 잘하는 스킬 등을 강조한다. 하지만 그보다 더 중요한 것은 마인드다. 내 은행 계좌에 얼마가 있든, 내 건강 상태가 어떻든, 외부 세계에서 일어나는 일은 중요치 않다. 보이지 않는 생각의 힘을 컨트롤하면 건강이 호전되고, 은행 계좌의 잔액이 달라진다. 인생의 모든 부분이 풍요로워지기 시작할 것이다!

밥 프록터는 생각을 컨트롤하기 위해서 우리의 비밀병기 Intellectual Faculties 여섯 가지를 강화해야 한다고 말한다. 모든 성공한 사람은 이 여섯 가지를 강화해 자신의 생각을 컨트롤할 줄 아는 사람이었다. 자신만의 중심을 가지고 성취할 수 있게 해주는 파워! 바로 관점perception 의지will 상상imagination 직관 intuition 기억memory 판단reason이다.

성공한 이들은 오감으로 들어오는 어떤 정보에도 반응하지 않는다. 그들은 인생의 수많은 위기에도 자신의 내면을 강화하고 중심을 유지해서 다른 사람들이 생각할 수 없는 결과를 만들어냈다.

그들만 할 수 있냐고?

절대 아니다! 누구나 가능하다! 당신도 할 수 있다!

안타까운 것은 그것을 아는 사람이 별로 없다는 사실이다.

그래서 이 공부는 너무도 중요하다! 안타깝게도 학교에서 배우지는 못했지만, 인생을 바꾸고 싶다면 배우고 삶에 적용해야 하는 첫 번째 공부다. 마인드파워 공부를 통해 자기가 왜 잘하는지 알게 된 사람은 코로나 같은 위기나 절박한 상황에서도 여유를 갖고 자신의 실적을 다시 올려놓는다. 자신이 왜 잘하는지 알기 때문에 이런 사람들을 우리는 '**의식 있는 유능한 사람**'이라고 한다.

반면 실적은 괜찮은데 자신이 왜 잘하는지 모르는 사람은 위기가 왔을 때, 바닥을 칠 가능성이 크다.

이 책은 당신을 '의식 있는 유능한 사람'이 되도록 해줄 것이다.

마인드파워 머니 특강에서 늘 하는 말이 있다. "돈은 말할 수 없으나 들을 수 있다. 당신이 그것을 부르면, 그것은 올 것이다." 이 말을 들으면 사람들은 "저는 돈을 매일 부르는데 왜 안 오는 거죠?"라고 울먹이며 반문한다. 지하 사글셋방에서 벗어나지 못하고 가난에 허덕였던 과거의 나 또한 돈을 원했지만, 돈은 내게 오지 않았다.

『밥 프록터 부란 무엇인가』는 당신이 그간 왜 돈을 끌어당기지 못했는지를 깨닫게 해주고, 당신이 부르는 만큼의 풍요를 가져다줄 책이다. 물질적인 풍요뿐 아니라, 정신적인 풍요까지!

대부분의 사람은 돈을 더 벌기 위해 얻는 것, 받는 것에만 초점을 맞춘다. '어떻게 하면 저 사람에게 뭔갈 받을까? 어떻게 하면 얻을 수 있을까?' 그러나 밥 프록터가 말하듯, 우주의 법칙은 "내가 먼저 주어야 받을 수 있다"는 것이다.

지난 15년간 마인드파워 세일즈 워크숍을 진행하며 '고객에게to 한다'의 관점에서 '고객을 위해서for 한다'의 관점으로만 전환해도, 우주의 법칙과 조화를 이루어 돈이 들어오는 흐름을 타기 시작하고 돈을 많이 버는 것을 꾸준히 목격해왔다.

우주의 법칙과 조화를 이루면 그때부터 삶이 나아진다. 소득이 늘어나고, 기분이 더 좋아지고, 더 많은 즐거움을 누리게 된다. 매일 건설적으로 성장하고 나다움을 찾고 행복해하는 자신을 발견할 것이다.

가난하고 결핍에 가득 찼던, 세상을 원망하는 찌질이었던 내가 살기 위해서 마인드파워를 공부하고, 책이 걸레짝이 되도록 씹어 먹고 씹어 먹어 체화했듯이 당신도 그랬으면 좋겠다. 왜냐하면 매 순간이 희열이고 행복인 풍요로운 삶이 무엇인지를 당신도 알게 될 테니까. 이 책을 한 번만 읽지 말고 수없이 읽어서 먹어버리기를 추천한다.

당신의 잠재의식 속에 체화될 때까지… 반복하자!

당신의 꿈을 달성하고 행복과 풍요를 누리며 자유롭게 살기를 원한다면, 지금이 용기를 내야 할 때다! 『밥 프록터 부란 무엇인가』가 당신이 안전지대를 기꺼이 나올 용기를 주고, 당신이 원하는 삶으로 큰 도약을 하도록 하는 필독서가 되리라 믿어 의심치 않는다.

 매일 가슴 충만하게 행복한 당신의 여정을 뜨겁게 응원하고 축복한다.

◦◦◦◦

2023년 11월
조성희
마인드파워 스쿨 대표
밥 프록터 한국 유일 비즈니스 파트너

밥 프록터의 강연장으로

자기계발을 50년 넘게 연구한 사람은, 내가 알기로는 밥 프록터가 유일하다. 밥은 그 연구를 기반으로 세상에서 가장 귀한 가르침을 제공한다. 우리의 성장을 방해하는 요소를 제거하고, 행복하고 건강하며 무엇보다 부유하게 사는 법을 가르친다. 밥은 전 세계를 돌며 셀 수 없이 많은 사람을 만나고, 그들이 원대한 목표를 달성하도록 도왔다.

밥은 앤드루 카네기, 나폴레온 힐, 얼 나이팅게일의 가르침을 몸소 체험하고 그 가르침을 잇는 현존하는 마지막 스승이다. 인생을 송두리째 바꿀 가르침을 주는 스승은 드물다. 게다가 밥은 자신이 가르치는 것을 자신의 삶으로 증명했다! 밥은 엄청난 성공을 이뤘을 뿐만 아니라 여든 살이 넘어서도 누구보다 열정 넘치게 살았다. 반세기도 전, 자신의 소명에 헌신했을 때처럼 변함없는 열정으로 사람들을 만나며 그들이 무한한 부를 누리며 삶을 영위하도록 돕고 있다.

밥은 놀라운 사람이다. 가장 놀라운 점은 자신의 역량을 분명하게 인식하고, 자신이 할 수 있는 일을 매일 실행한다는 것이다. 다시 말해, 밥은 자기 일에 매우 능숙할 뿐 아니라 자신이 능숙한 이유를 정확하게 알고 있다. 그리고 그 비결을 다른 사람들과 공유하는 데 열정을 바치고 있다.

밥은 위대한 스승들과 함께 연구하고 수많은 서적을 탐독하며 자신의 삶이 달라진 이유와 방법을 알아내는 데 몰두했다. 그 비밀을 알아내기까지 무려 9년하고도 6개월이 걸렸다. 자신에게 일어난 일이 무엇인지 마침내 깨달았을 때, 밥은 그 지식을 다른 사람과도 공유하고자 했다.

밥은 엄청난 성공을 거둔 사람들이 자신이 성공한 이유를 제대로 설명하지 못하는 것이 의아했다. 그들은 대체로 자신이 똑똑하거나 좋은 교육을 받았거나 좋은 스승을 만난 덕분에 성공했다고 결론 내렸다. 하지만 세상에는 좋은 교육을 받거나 훌륭한 스승을 만났는데도 성공하지 못한 똑똑한 이가 많다.

만약 자신이 노력해서 큰 성공을 이루었는데도 그 이유를 설명하지 못한다면, 그것은 큰 힘을 지니고도 남에게 베풀지 못하는 것과 같다. 밥 프록터는 성공한 사람일 뿐만 아니라 자신이 어떻게 성공했는지 그 이유와 방법을 아는 사람으로서, 그 귀중한 지식을 세상에 전달해온 사람이다.

인간은 모든 생명체 가운데 가장 고등한 존재이며, 놀라운 지적 능력을 지니고 있다. 유일한 결점은 그 사실을 이해하지 못한다는 것뿐이다. 그러므로 우리는 명철한 이성으로 답을 찾아야 한다. '나'는 어떤 사람인지, 지금 하는 일을 무슨 이유로 하는지, 만약 현재 성과가 만족스럽지 않다면 지금 하는 일을 어떻게 바꿀지 알아야 한다. 밥 프록터야말로 이 문제에 대한 답을 확실하게 가르쳐줄 스승이다.

밥을 만나고 내 삶이 얼마나 달라졌는지 생각하면, 그에게 참으로 고마운 마음이 든다. 그의 가르침 덕분에 나는 삶의 목적을 찾았고, 그 목적을 실현할 용기를 얻었다. 나는 밥과 우정을 나누는 행운을 누렸을 뿐만 아니라 감사하게도 동업자로서 프록터 갤러거 인스티튜트를 함께 운영하고 있다.

'부란 무엇인가'를 깨달아 부자가 되고 싶은 것이든, 성공의 사다리를 뛰어넘고 싶은 것이든, 또는 현실을 타개할 획기적인 아이디어가 필요한 것이든, 당신이 얻고 싶은 것이 무엇이든 이 책에서 그 성과에 이르는 방법을 찾을 것이다. 이 책에서 밥은 삶을 풍요롭게 누리는 기술이 무엇인지, 그 비결을 공유한다. 밥의 강연장으로 들어간다고 생각하며 책장을 넘겨보자.

∼∽

샌디 갤러거
프록터 갤러거 인스티튜트 공동창업자·대표

Bob Proctor

✳

부자가 되기 위해
필요한 단 하나

이루지 못할 것은 없다

✳

어제 의뢰인과 통화하던 중에 이런 말을 했습니다. "한 백 년쯤 지나면, 사람들이 우리 시대를 돌아보면서 우리가 아이들에게 가르친 것이 굉장히 잘못됐다고, 그건 범죄였다고 하는 날이 올 겁니다. 농담이 아니에요. 우리가 교육이라고 했던 것이 범죄로 여겨질 겁니다!"

아이들이 누리는 자유, 그러니까 우리가 어렸을 때 누렸던 자유에 대해 생각해봅시다. 아이들의 상상은 무한합니다. 상상 속에서 어디든 갈 수 있고, 무엇이든 할 수 있지요. 비행기 조종사가 되기도 하고 줄타기 곡예사가 되기도 합니다. 나이아가라 폭포를 두 발로 건너도 아무 문제 없어요. 아이들의 마인드로는 얼마든지 가능합니다.

그러다 아이들이 학교에 다니기 시작하면 그 멋지고 기발한 상상이 갑자기 나쁜 일이 되어버립니다. 상상에 잠기는 것은 '수업에 집중하지 않는 딴짓'으로 취급받습니다. 멋진 상상이 떠오를라치면 "공부 안 하고 뭐 하니!"라며 꾸중을 듣기 마련이지요. 학교에서 상상이란 벌 받아 마땅한 행위로 취급됩니다. 체벌의 효과는 확실합니다. 아이가 두세 번 혼나고 나면 어찌 되는지 아세요? 아이는 더는 상상하지 않게 됩니다. 인간에게 잠재된 놀라운 지적 능력을 키우도록 칭찬하고 격려해도 모자랄 판에 상상력이 자라지 못하게 싹을 잘라버리는 셈이지요.

연기 코치 스텔라 애들러Stella Adler가 생전에 한 말이 있습니다. "어른들은 온갖 생명을 죽입니다. 그렇게 생명을 앗아가는 일보다는 상상력을 사용해서 뭐라도 만들어내는 게 좋아요." 저는 이 말에 깊이 공감합니다.

요즘 사람들은 며칠씩 시간을 내서 멀리서 열리는 강연까지 찾아갑니다. 상상력을 키우려고 수천 달러를 쓰는 거죠. 그렇게라도 해서 경이로운 상상의 힘을 되찾으려는 겁니다. 왜 그렇게 상상의 힘을 갈구하는 걸까요? 그건 상상이 성공의 씨앗이기 때문입니다. 우리 눈에 보이는 것은 모두 누군가가 상상한 것을 구현한 결과물입니다. 상상을 현실로 만들어낸 사람들이 결국 부와 성공을 거머쥐었죠.

제가 토론토의 베이뷰 애비뉴에서 사무실 청소 사업을 할 때의 일입니다. 어느 날 '아무래도 카폰이 있어야겠어!'라는 생각이 들어서 업무 차량에 카폰을 설치했습니다. 그러면 매니저가 이동 중에도 청소부들을 관리하고, 저 역시 매니저와 항시 연락을 주고받을 수 있을 테니까요. 당시에는 통신 환경이 열악해서 차 위에 스키 랙을 설치해 안테나를 높이지 않으면 통화가 터지지 않았습니다. 하지만 오늘날에는 어떤가요? 다들 휴대전화를 들고 다니면서 언제 어디서든 다른 사람과 통화합니다. 어떻게 이런 일이 가능해졌을까요? 누군가 이 일을 상상했고, 그것을 실현했기 때문입니다.

제가 휴대전화로 사진을 찍으면 그 사진을 세계 어느 곳의 누구에게나 곧장 보낼 수 있습니다. 전송 버튼만 누르면 그 사진은 세계 곳곳에 존재하게 되는 거죠. 상파울루에 있는 사람도, 샌프란시스코에 있는 사람도, 상하이나 시카고에 있는 사람도 사진을 받을 수 있습니다. 이런 일이 어떻게 가능해졌을까요? 그 사진이 어디에나 갈 수 있기 때문입니다. 어느 나라에 있든 주파수가 맞는 매체만 있으면 제가 보내는 사진을 볼 수 있습니다. 바로 휴대전화 말이죠. 이해하셨나요?

생각도 마찬가지입니다. 주파수를 맞추듯 생각을 집중해 강렬히 바랄 때 비로소 생각은 현실이 되어 우리 앞에 나타납니다.

우리는 텔레파시로 누구와도 소통할 수 있습니다. 허무맹랑한 말이 아니에요. 이는 실제로 우리가 늘 하는 일입니다. 다만 우리가 무엇을 하고 있는지 알아채지 못할 뿐이지요. 왜 그럴까요? 아무도 우리에게 가르쳐주지 않았기 때문에 이 이치를 깨닫지 못한 채 어른이 된 겁니다.

〜

새끼 다람쥐를 생각해볼까요? 갓 태어난 다람쥐는 따로 보살피지 않아도 어렵지 않게 나무를 오르고, 도토리를 찾아다니며 먹이를 구합니다. 새끼 다람쥐는 알아서 생존합니다. 반면에 갓 태어난 인간은 누군가 돌보지 않으면 생명을 유지할 수 없습니다. 새끼 다람쥐는 본능에 따라 움직이며 환경에 적응하지만 인간은 자기가 놓인 환경에 어쩔 줄 모르고 불안해합니다. 인간은 누구나 자신의 환경을 창조할 능력을 타고났는데도 그 능력을 쓰지 않습니다. 왜 그럴까요? 그 놀라운 능력을 쓰려고 할 때마다 이런 말을 들으며 자랐기 때문입니다. "허튼소리 좀 그만해" "철 좀 들어!" "비현실적이구나" "네가 뭐라도 되는 줄 아니?"

사람들은 자신의 경이로운 능력을 깨닫지 못하고 자신을 둘러싼 환경이나 조건에 갇혀 있다고 여기며 쩔쩔매며 살아갑니다. 뭔가 하고 싶다면서도 그게 불가능한 이유를 댑니다. '왜냐하면'으로 시작하는 변명에는 환경 탓이 빠지지 않습니다. 그렇게 환경의 노예가 됩니다. 환경의 지배를 받고, 환경이 지시하는 일을 합니다. 더 나은 방법을 시도해볼 생각조차 하지 않은 채로요.

제 세미나에 사람들이 찾아오는 이유는 명확합니다. 다중 소득원을 만드는 법을 배워 경제적 자유를 얻으려는 거죠. 그런데 그 방법을 알려주면 "그건 불가능해요"라고 말하는 사람들이 많습니다. 어째서 불가능하다고 생각하는 걸까요? 한 번도 해본 적이 없기 때문일 겁니다. 하지만 한 번도 해본 적 없다고 배우기를 포기했다면 우리는 아직도 요람에 누워서 발가락이나 만지작거리고 있겠죠!

하지만 우리는 두 발을 딛고 일어났고, 한 걸음씩 걷기 시작했습니다. 부모님이 그렇게 하도록 가르쳤으니까요. 부모님은 당신의 손을 붙들고 이렇게 말했을 겁니다. "애가 혼자 걸었어요! 봤어요? 애가 혼자 걸음을 뗐어요! 걷고 있다니까요! 아이고, 방금 넘어졌네요. 다치지 않았겠죠?" 당신은 아장아장 걷고 넘어지기를 반복했습니다. 걸음마를 떼기까지는 시간이 걸렸겠죠. 하지만 결국 걷는 법을 배웠습니다.

지금까지 해본 적 없는 일이라도 얼마든지 해낼 수 있습니다. 어떻게 하는지 그 방법만 배우면 됩니다.

비행기를 발명한 라이트 형제의 아버지는 개혁 교회 목사였다고 합니다. 형제가 하늘을 날 수 있다고 아버지에게 말했을 때, 아버지는 그런 생각을 하면 지옥에 떨어진다며 혼냈다고 해요. 인간이 하늘을 나는 게 하느님 뜻이었다면 날개를 주셨을 거라면서 말이죠.

인류는 수백 년 넘게 인간이 하늘을 날 수 없다고 믿었습니다. 지구가 평평하다는 말도 믿었지요. 인류는 다른 사람들이 말하는 대로 믿었고, 진심으로 그렇게 생각했습니다. 그리 오래된 일도 아닙니다! 당시의 상식에 따르면 지구는 평평할 수

밖에 없었습니다. 지구가 둥글면 아래쪽에 있는 사람들은 떨어져야 할 게 아닌가요? 배가 수평선 너머로 사라지는 모습을 봐도 아래로 추락하는 것처럼 보였습니다. 논리적으로 따졌을 때 지구가 둥글 수 없기 때문에 사람들은 지구 평면설을 믿었습니다.

사람들이 지구 평면설을 받아들일 때 생각이란 것을 했다고 보나요? 인간은 하늘을 날지 못한다고 주장할 때 상상을 이용한다고 보나요? 저는 그렇게 생각지 않습니다.

저는 얼 나이팅게일을 스승으로 모시고 많은 것을 배웠습니다. 그분이 하신 말씀을 아직도 기억합니다. "머릿속에 떠오르는 생각을 입 밖으로 꺼내라고 하면 대다수가 입도 벙긋하지 못할 것이다."

우리는 경쟁이 심한 사회에 살고 있습니다. 사람들은 경쟁에 몰두하다 못해 경쟁 상대를 싫어하기도 합니다. "저 사람을 꼭 이기겠어"라고 다짐하죠. 그런데 무엇 때문에 그 사람을 이기려고 하는 걸까요? 그 사람을 생각하며 시간을 소비할 이유가 있나요? 그 사람이 좋은 사람도 아니라면 그를 생각하며 귀중한 시간을 허비할 이유가 뭔가요? 만약 그 사람을 생각할 시간이 있다면 그 사람에게서 좋은 면을 찾아보십시오. 그러지 않으면 부정적인 에너지가 생겨납니다.

❧

　저를 만날 때 긴장하는 사람들이 있습니다. 그런 분들 때문에 재미난 일이 생기기도 합니다. 몇 년 전 메트라이프 생명에서 주관하는 대형 세미나에서 강의했을 때의 일입니다. 거기서 어떤 사람을 만났습니다. 그 사람은 저를 향해 걸어오다 말고 되돌아가고, 다시 걸어오다 말고 되돌아섰습니다. 저를 만나려고 하니 긴장되었던 모양이에요. 그 긴장감이 역력하게 느껴졌습니다.

　결국은 그 사람의 상사가 함께 와서 제게 말했습니다. "안녕하세요, 밥 선생님. 이 친구가 선생님과 얘기를 나누고 싶다네요." 악수하는데 그 사람의 손이 땀으로 축축했습니다. 상사가 이렇게 말했습니다. "너무 떨려서 말도 못 붙이겠답니다." 저는 큰소리로 웃다가 곧 웃음을 그치고 말했습니다. "당신을 비웃는 게 아닙니다. 만약 제가 당신과 만나려는데 너무 떨린다고 하면 웃음이 나오지 않겠어요? 마찬가지로 저를 만나는데도 떨릴 이유가 없다는 얘기죠. '저를 만나는데 긴장할 이유가 있을까요?'라고 당신도 생각할 테니까요. 저도 그렇습니다."

어째서 우리는 긴장하는 걸까요? 어째서 알지도 못하는 사람에게 두려운 마음이 드는 것을 허용하는 걸까요? 어째서 자신이 상대방보다 못나다고 느끼는 걸까요? 왜 위축되는 걸까요? 다른 사람 앞에서 위축되는 것은 그렇게 교육을 받았기 때문입니다.

하지만 '그렇게 배워서'는 핑계일 뿐입니다. 우리는 어린아이가 아니고, 우리에게는 생각하는 능력이 있습니다. 그러니 자신이 진심으로 원하는 것이 무엇인지 생각해보십시오. 하고 싶지 않아도 해야만 하는 일이 있다고요? 그런 생각은 싹 지워버려야 합니다. 해야만 하는 일은 없습니다. "숨은 쉬어야만 하죠"라고 반론을 제기하고 싶은가요? 그렇지 않습니다. 비닐봉지를 머리에 뒤집어쓰고 숨을 끊을 수도 있습니다. 원하면 그렇게 할 수 있어요. "세금은 내야만 하지 않나요?" 아니, 그렇지 않습니다. 교도소에 들어갈 수도 있고, 면세 지역으로 거주지를 옮기면 세금을 내지 않아도 됩니다. 해야만 하는 일은 없습니다.

여기서 확실히 정리하죠. **우리가 하는 모든 일은 우리가 선택한 일입니다.**

제2차 세계대전 때 독일의 강제수용소에 끌려갔던 유대인 정신과 의사 빅토어 프랑클은 강제수용소에서 신체적으로나 정신적으로나 영적으로나 학대를 당했지만, 생각할 자유만은 아무도 빼앗어가지 못했다고 말했습니다.

프랑클의 말은 우리에게도 똑같이 적용됩니다. 우리가 하는 모든 일은 우리의 선택입니다. "저 사람이 시켰어요"라는 변명은 통하지 않습니다. 그 사람 때문에 그 일을 한 게 아닙니다. 그 일을 하지 않았다면 갈등이 생겼을지도 모르죠. 그 일이 아니라 다른 대안을 선택하는 게 불편했을지도 모르고요. 어쨌든 그 사람이 그렇게 만든 게 아니라 당신이 선택한 것입니다. 우리는 자신의 행동에 책임을 져야 합니다.

❧

요지는 이겁니다. 한 번도 하지 않은 일을 처음 시도할 때 머릿속에서는 온갖 생각이 요동칩니다. 내면의 목소리가 속삭이는 말이 들릴 겁니다. '네가 뭐라고? 넌 그 일을 할 수 없어. 넌 지금까지 하던 대로 할 수밖에 없어.' 그 작은 목소리는 종종 승리합니다. 그때마다 그 작은 목소리에 패배한 거지요.

보험 판매원을 가정해봅시다. 잠재 고객에게 전화를 걸지 않으면 10만 달러짜리 보험에 가입하도록 요청할 수 없습니다. 그런데 이렇게 생각하며 정당화하는 이들이 있어요. '가입 권유 전화를 돌렸어도 효과가 없었을 거야. 그런다고 뭐가 달라지겠어? 보험 가입할 형편이 안 되는 사람도 있는 거지!'

그렇지 않습니다. 사람들은 원하는 것은 무엇이든 구매합니다. 당장 집 안을 떠올려보세요. 필요하지 않은 물건들이 떠오르지 않나요? 모두 내가 원해서 산 겁니다. 진심으로 무엇인가를 원하면, 필요한 일을 해서 그것을 얻어내게 됩니다. 예외는 없어요. 사람은 그렇게 태어났습니다. 일단 결정을 내리고 나면 뇌의 주파수가 달라집니다. 그 주파수에 잡히는 것에 온 신경을 집중합니다. 이 원리를 이해하면 만사가 수월해집니다. 모든 게 나아지지요. 이 원리를 이해하지 못하면 만사가 어렵습니다. 그러니까 이 원리를 이해하려고 애써야 합니다.

먼저 제가 어떻게 살았는지 얘기하는 게 좋을 듯하네요. 제게 일어난 일을 여러분과 나누고 싶습니다.

클래스 2

변화의 시작

내 인생을 180도 바꾼 전환점

제가 무척 좋아하는, 아니 사랑해 마지않는 책이 한 권 있습니다. 나폴레온 힐이 쓴 『생각하라 그리고 부자가 되어라』입니다. 이 책은 제 삶에 더없이 큰 영향을 미쳤습니다. 1961년 이 책을 읽은 후로 제 삶은 송두리째 바뀌었지요. 그 후로도 저는 이 책을 손에서 놓지 않았습니다. 책 읽는 속도가 느려서가 아니라 배울 게 너무 많기 때문입니다. 이 책을 만난 것은 제 인생에서 가장 특별한 사건이었습니다.

그때 저는 토론토 이스트요크 근교에 있는 소방서에서 근무하고 있었습니다. 그때까지 제가 얻은 일자리 중에서 단연 최고였죠. 제가 소방관이 된 건 거의 기적이었습니다. 사실 제 조건으로는 소방관이 될 수가 없었거든요. 게다가 수백 명 넘는 지원자가 그 자리에 지원한 터였습니다. 소방관과 경찰관은 공장 노동자나 웨이터보다 벌이가 좋아서 다들 선망하던 일자리였습니다. 게다가 소방관은 경찰관과 달리 야간 근무 때 잠시 눈을 붙일 수도 있어서 더 매력적이었죠.

그런 이유로 소방관 모집 공고를 봤을 때 '붙으면 얼마나 좋을까?'라고 생각했습니다. 이스트요크 소방서에서 21명을 채용한다는 공고였는데, 그때 저는 이스트요크로 막 이사를 왔던 참이었습니다.

당시 저는 주유소에서 일하고 있었습니다. 타이어를 교체하고 엔진오일을 갈고 세차를 하며 1주일에 6일, 총 48시간을 일하면서 시간당 1달러를 받았지요. 한 달에 한 주는 7일 내내 근무했으니 쉬는 날은 한 달에 3일뿐이었고 일주일에 약 50달러를 벌었습니다.

당시 어머니 집에서 두 집 건너에 린이라는 치안판사가 살고 있었습니다. 저는 그분을 몰랐지만 일단 그 집을 찾아가 문을 두드리며 말했습니다. "판사님은 저를 모르실 테지만 어머니께서 여기서 두 집 건너에 삽니다. 여기 이스트요크에서 소방관을 채용한다는데 저도 지원하려고 합니다. 판사님께서 혹시 저를 도와주실 수 있을까요?"

제 요청이 인상적이었나봐요. 그분은 "그런가? 들어오게"라고 말했습니다. 그러고는 수화기를 들고 시장에게 전화를 걸더군요. "소방대에 들어가고 싶어 하는 젊은이가 있네." 그렇게 저는 소방관이 되었습니다.

이제 관건은 체중을 73킬로그램까지 끌어올리는 일이었습니다. 저는 살면서 몸무게가 73킬로그램까지 나간 적이 한 번도 없었습니다. 체중을 늘리려고 헬스장에 다니고 웨이트온이라는 고지방 건강 음료도 마셨습니다. 마실 때마다 속이 메스꺼워지는 맛이었죠. 절실하게 살을 찌우려고 노력했지만, 몸무게는 61킬로그램에서 조금도 늘지 않았습니다!

신체검사를 받으러 갔더니 나이 지긋한 의사가 소방관이 되고 싶냐고 물었습니다.

그래서 대답했죠. "예, 선생님."

의사가 체중을 재보자고 말했고 제가 체중계 위에 올라서자 물었습니다. "얼마인가?"

"61킬로그램입니다."

의사는 잠시 머뭇거리더니 "그럼 됐네"라고 말하고는 신체검사지에 체중을 기록했습니다. 그렇게 저는 소방관이 되었습

Bob Proctor

니다!

한 달에 7일씩 번갈아 주간 근무와 야간 근무를 했습니다. 야간 근무할 때면 주방에서 차를 끓여 마시거나 음식을 만들어 먹고 텔레비전을 보다가 밤이 늦으면 소방서 침대에서 잠을 청했습니다. 불이 나면 언제든 일어나야 했으니 맘 편히 잠을 청하긴 힘들었죠.

하지만 소방관 일은 할 만했습니다. 소방관을 그만두는 사람은 본 적 없었죠. 1934년 이후로 제 발로 소방서를 나간 사람은 아무도 없다고 합니다. 저는 밤이면 소방서에서 자고 아침에 일어나면 골프를 쳤습니다. 당구를 치기도 했고요. 소득이 두 배로 늘었고 할 일도 별로 없었습니다. 한적한 은퇴 생활이나 마찬가지였죠. 마치 천국에 온 것 같다는 생각이 들었습니다.

❦

어느 날 주방에 앉아 있는데 소방서 근처에 사는 레이 스탠퍼드가 커피잔을 들고 와서 내 곁에 앉았습니다. 레이는 사람들에게 이런저런 질문을 하며 시간을 보내길 좋아했습니다.

레이가 물었습니다. "밥, 만약 다른 일을 한다면 무슨 일을 하고 싶나?"

제가 대답했습니다. "지금 하는 일 말고 다른 일을 할 생각은 없어요. 여기는 정말 맘에 들거든요! 불만도 없고요."

하지만 제가 모르는 것을 레이는 알고 있었죠. 레이는 지금 제가 받는 월급이 제 역량의 전부가 아니라는 사실을 알고 있었습니다.

레이가 물었습니다. "자네가 정말로 원하는 게 뭔가?"

제가 말했습니다. "돈이 좀 있으면 좋겠어요."

그때 제가 원하는 게 있다면 돈뿐이었습니다. 저는 1년에 4000달러를 벌었지만, 빚이 6000달러였습니다. 생활비를 한 푼도 쓰지 않고 18개월 동안 월급을 모아야 겨우 갚을 수 있는 돈이었죠.

레이는 주머니에서 지폐 뭉치를 꺼내며 말했습니다. "이 물건은 입이 없어도 귀가 있다네. **자네가 돈을 부르면 자네에게 갈 거야.** 얼마나 원해?"

"2만 5000달러요."

하지만 저는 제가 2만 5000달러를 벌 수 있으리라고는 꿈에도 생각지 않았습니다. 기적이라도 벌어진다면 모를까. 제가 아는 사람 중에 2만 5000달러를 버는 사람은 없었거든요. 마치

태평양을 헤엄쳐서 하와이까지 갈 수 있다고 하는 말 같았습니다. 제가 그렇게 큰돈을 버는 일은 절대 일어나지 않을 거라는 불신이 뼛속 깊이 있었어요. 저희 집안에서 그런 일을 해낸 사람은 아무도 없었습니다. 사실 저희 집안사람 중에는 괜찮은 학교에 다닌 사람도 없었거든요. 제가 어떻게 그리 터무니없이 큰돈을 떠올리고 입 밖으로 내뱉었는지는 지금도 알 수 없습니다.

레이는 눈 하나 깜빡이지 않고 말했습니다. "내가 시키는 대로만 하면 자네가 원하는 것을 얻을 수 있을 걸세."

저는 그 말을 믿지 않았습니다. 하지만 레이가 그렇게 믿고 있다는 점만은 확실했고, 그 모습이 제 안의 뭔가를 움직였습니다.

저는 레이가 시키는 대로 해보기로 마음먹고 레이가 건넨 책을 읽기 시작했습니다. 바로 나폴레온 힐의 『생각하라 그리고 부자가 되어라』였죠.

레이는 제게 날마다 그 책을 읽으라고 했습니다. 쉽지 않은 일이었지만 저는 매일 그 책을 읽었습니다. 레이가 거짓말을 했든 아니면 헛소리를 했든 그것을 증명할 때까지 레이가 하라는 대로 할 작정이었습니다.

그런데 정말로 제 인생이 통째로 바뀌기 시작했습니다. 그때부터 세상이 완전히 뒤집히는 듯한 변화가 일어난거죠. 일단 제 주변이 예전과 똑같이 보이지 않았습니다. 일하러 가면 동료 소방관들이 텔레비전 앞에 앉아 있는 것이 눈에 들어왔습니다. 대부분 40대였고 노조 활동과 은퇴를 주제로 이야기꽃을 피웠습니다. 지난해 은퇴한 해리가 아침에 눈을 감았다는 소식이 들렸죠. 심장마비였다고 하더군요.

'여기 계속 있으면 안 되겠어. 여기서 나가야지'라는 생각이 퍼뜩 들었습니다. 그래서 하루도 중단하지 않고 레이가 시킨 일을 했어요.

누구든 오늘부터 달라지고 싶은 사람이 있다면 제가 했던 것처럼 하면 됩니다. 그러니까 제 말이 거짓인지 그저 무지한 소리인지 확인할 때까지 제가 하라는 대로 해보라는 겁니다.

지금 이 책을 읽고 있는 당신도 마찬가지입니다. 아마 당신은 제가 제정신이 아니라고 생각할지도 모르겠습니다. 당신뿐 아니라 수많은 이가 그렇게 생각했지요.

하지만 제가 말한 대로만 한다면 당신도 원하는 것을 얻을 수

있게 될 겁니다. 제가 바로 그 증인입니다.

만약 당신이 조직을 운영하는 관리자라면 구성원들이 부정적 사고에 의식이 지배당하지 않도록 노력해야 합니다. 구성원들이 현재 얻는 성과가 곧 그들의 역량이라고 단정하지 말아야 합니다. **당신이 믿는 것을 그 사람들도 믿게 해야 합니다.** 그러려면 어떻게 해야 할까요? 간단한 과제를 수행하도록 하되 날마다 실천하게 해야 합니다. 매일 하는 게 중요합니다. 여기에는 따로 요령이 없습니다. 머리가 좋은지 나쁜지도 상관없습니다.

누구의 명령도 받지 말라,
스스로 명령을 내리라

✳

레이는 제게 귀중한 비밀을 알려줬습니다. "성공하려면 한 가지 자질만 있으면 충분하네. 그건 자기를 훈련하는 자세야."

저는 훈련 같은 건 하고 싶지 않았습니다. 사실 그때는 레이가 말한 훈련이 무엇을 의미하는지도 몰랐습니다. 저는 젊을 때 해군에서 복무했는데, 누가 시키는 대로 따르는 것이 영 성미에 맞지 않았습니다. 하지만 군대에서는 시키는 대로 하지 않으면 큰 곤경을 겪게 됩니다. 정말로 비싼 대가를 치러야 하죠! 저는 스물한 번째 생일에도 부대에 갇혀 온종일 진이 빠지도록 유격 훈련을 받았습니다.

교관들이 우리에게 한 짓은 훈련이 아니라 학대였습니다. 저는 군대 규정을 모르지 않았어요. 그래서 이렇게 말했습니다. "웃기지 마십시오! 규정에도 없는 지시를 따를 생각은 없습니다!" 교관이 말했습니다. "어, 그러세요?"

지금에 와서 하는 얘기지만 모든 사람이 군대에 가서 6개월이나 1년 정도 군 생활을 하면 어떨까요? 그러면 아주 빠르게 성장할 겁니다. 군대에 갔다 오면 정신력 하나는 강해져서 나오니까요!

군대에서 정신력이 강해진 것은 분명합니다. 하지만 군대 훈련은 벌을 받는 기분이었습니다. 시키는 대로 행동하지 않으면 교관들은 저를 연병장에 내보내 소총을 머리 위로 들고 오리걸음으로 걷도록 시켰습니다. 4킬로그램밖에 되지 않는 소총이라고 해도 머리 위로 들고 몇 분만 오리걸음으로 걸으면 천근만근 무거운 법이죠. 그러면 교관의 불호령이 떨어졌습니다. "거기 총 똑바로 들지 못해!"

살면서 이 이야기를 꺼낸 건 한두 번뿐인데 지금 떠오른 걸 보면 이 자리에서 꼭 해야 할 이야기가 아닌가 싶네요. 그때 연병장에 있던 부사관은 무척 야비한 사람이었습니다. 그 부사관은 제게 14일 동안 매일 연병장을 돌라고 시켰습니다. 14일째가 되어 얼차려에서 막 벗어나려는 찰나 다시 14일 동안 연병장을 돌라고 시키는 겁니다. 이러다가는 죽겠다는 생각이 들었습니다. 그래서 땅바닥에 픽 하고 드러누워 버렸죠.

부사관이 말했습니다. "일어나지 못해!"

제가 대답했습니다. "일어날 수가 없습니다."

"무슨 문제라도 있나?"

"옆구리가 아픕니다."

"그럼 의무실에 가봐."

제가 걸을 수 없다고 하자 교관들이 부축해서 의무실로 데려갔습니다. 꾀병이었다고 말하기 두려웠습니다. 그랬다가는 사태가 걷잡을 수 없이 커질 테니까요. 교관들은 인턴으로 보이는 어수룩한 사관생도 한 명을 데려왔습니다. 그는 내 옆구리를 누르면서 아프냐고 물었습니다.

아프지 않아도 "네, 아픕니다"라고 대답했죠.

다음 날 아침, 그 인턴이 저를 데려가 수술대에 올리고 맹장을 떼어냈습니다! 후환이 두려워 사실 맹장에는 아무 문제가 없노라고 말할 수 없었습니다. 그렇게 저는 맹장을 잃었죠. 그 대신 2주 병가를 얻어 병상에 누워 지내며 얼차려에서 벗어났습니다. 맹장이 하나 더 있으면 좋겠다는 생각까지 들었습니다.

규정을 따르지 않으면 예상치 못한 결과를 초래할 수 있습니다. 여기서 제가 하고픈 말은 제게 훈련이란 징벌이나 마찬가지였다는 점입니다. 훈련한다는 것은 연병장에서 얼차려를 받는 일이라고 생각했습니다.

사실 레이가 말한 훈련이란 스스로 명령을 내리고 그 명령을 따르는 능력을 키우는 것이었습니다. **자기를 훈련하지 않으면 성과를 거둘 수 없습니다. 자기를 훈련하는 사람은 원하는 것이 무엇이든 얻을 수 있습니다.** 이는 너무나 기본적이고 단순한 진리인데 오해하는 사람이 많습니다. 사람들은 대체로 자신이 누릴 수 있는 것을 충분히 누리지 못합니다. 훈련하지 않기 때문입니다.

저는 훈련을 통해 나 자신을 엄격히 통제할 수 있게 되었습니다. 다른 사람이 열심히 일하는지 노는지는 상관할 바 아닙니다. 다른 사람이 무엇을 하는지도 상관하지 않죠. 내가 무슨 일을 해야 하는지 잘 알고 있으며 그 일을 완수할 뿐입니다. 동기를 부여해줄 다른 사람은 필요하지 않습니다. 칭찬도 필요 없어요. 그저 내가 상상력을 발휘하도록 내버려두면 됩니다. 그러면 곧 "이 일을 할 거야!"라고 말하고 그 일을 실행에 옮기게 됩니다.

인생을 바꾸길 원한다면 성공을 실현하는 데 필요한 일을 하도록 자신에게 명령하고 이를 완수해야 합니다. 그렇게 할 수 있다면 당신은 점점 더 강해질 겁니다. 그러고 나면 자신이 할 수 있다고 생각하는 일이 아니라 자신이 원하는 일을 해낼 수 있게 됩니다.

목표 수립의 힘

✦

저는 『밥 프록터의 위대한 발견』 두 번째 장에서 빚에서 벗어나는 방법을 설명했습니다. 전용 계좌를 만들어 소득 일부를 자동이체하는 부채 상환 프로그램을 설정하는 것입니다. 이렇게 하면 부채는 자동으로 처리됩니다. 자동이체 계좌를 만든 순간부터 더는 부채를 생각할 필요가 없습니다. 그런 다음 번영과 풍요의 마인드를 구축해야 합니다.

사람은 마음으로 집중하는 것을 자신의 삶에 끌어들일 수 있습니다. 그저 원한다고 말하는 것이 아니라 진심으로 바라는 것을 끌어들입니다. 만약 당신에게 빚이 있고 그 빚을 갚아야겠다는 생각에 사로잡혀 있다면, 당신은 아마도 영원히 빚에서 벗어나지 못할 것입니다.

앞서 말했듯이, 2만 5000달러를 버는 것이 제 목표라고 말했을 때 사실 진심이 아니었습니다. 무의식은 어땠을지 몰라도 적어도 제 의식은 그 말을 믿지 않았습니다. 하지만 레이는 그 말을 진지하게 받아들였고, 그 목표를 글로 적으라고 했습니다.

그랬더니 흥미로운 일이 일어났습니다.

그전에는 빚을 갚는 것만 생각했습니다. 머릿속은 온통 빚 생각뿐이었죠. 채권추심원에게 전화가 올 때마다 거칠게 쏘아붙였습니다. "꺼져요! 돈이 있어야 갚을 거 아닙니까!" 그 사람들은 제게 빌려준 돈을 돌려받으려는 것뿐인데 적반하장으로 화를 낸 거죠. '나는 왜 돈을 빌렸고 그 사람들은 왜 내게 돈을 빌려주었던 걸까?' '돈을 조금이라도 안 갚을 방법은 없을까?' 제 마음은 온통 그 빚에 매여 있었습니다.

일단 목표를 글로 적고 나자 돈 버는 일을 생각하게 되었습니다. '2만 5000달러를 어떻게 벌까?'

Bob Proctor

누군가 "사무실 청소가 돈벌이가 쏠쏠해"라고 말한 게 기억났습니다. 남들 보기 번듯한 일은 아니지만, 저는 바로 그 일이라고 생각했습니다. 그 말을 했던 사람은 "남들 밑에서 일하지 말고 자기 사업을 해야지"라고도 조언했습니다. 일리가 있는 말이었죠. 하지만 사업을 시작하려면 청소기를 비롯한 장비가 필요했습니다.

새 상품을 살 여유가 없어서 중고품을 찾아다녔습니다. 알아보니 청소기에 양동이 몇 개와 대걸레까지 980달러에 파는 사람이 있었습니다. 980달러가 필요해진 거죠. 문제는 돈 빌릴 데가 없었다는 겁니다. 저 같아도 저 같은 사람에게는 돈을 빌려주지 않았을 거예요. 제가 돈을 갚지 못하리라는 것은 제가 제일 잘 알았습니다. 돈을 갚을 생각이 없어서가 아니라 그만한 돈을 갚을 여력이 없었기 때문입니다. 하지만 제가 읽은 책에서는 한 사람에게 돈을 빌리지 못했으면 다른 사람을 찾아가라고 했습니다. 그렇게 계속 시도하다 보면 돈이 필요한 이유를 설득하는 능력이 좋아지고 누군가는 돈을 빌려줄 거라고요.

마침내 저는 한 신탁회사 사무실에서 카이퍼라는 대출 담당자와 이야기를 나누게 되었습니다. 저는 대출 담당자에게 제가 하고 싶은 일이 무엇이고, 그 일에 얼마나 열정적인지 이야기했습니다. 제가 구상한 사무실 청소 사업을 소개하고 앞으로 전 세계 사무실을 청소할 계획이라고 포부를 밝혔습니다. 대출 담당자는 저를 좀 별나지만 대단히 열정적인 사람이라고 생각했던 것 같습니다.

제 이야기가 끝나자 대출 담당자는 "돈을 빌려드리죠"라고 말했습니다. 깜짝 놀랐어요. 저는 1000달러를 받아 들고 사무실을 나왔습니다.

저는 소방관으로 일하면서 사무실 청소 사업을 운영했습니다. 돈을 많이 벌려면 더 열심히 일해야 한다고 생각했습니다. 청소가 필요한 사무실을 찾아 계약했고, 또 다른 사무실이 없는지 찾아다녔습니다. 사무실을 청소하고 화재를 진압하고, 사무실을 청소하고 화재를 진압했습니다. 소방서에 출근하면 화재가 일어나지 않기를 기도했습니다. 너무 피곤해서 일을 할 수 없었거든요.

하루는 길거리에서 쓰러지고 말았습니다. 피로가 쌓여 탈진한 거죠. 의식을 찾고 고개를 들어보니 덩치 큰 경찰관이 저를 내려다보고 있었습니다. 실제로는 그렇게 덩치가 크지 않았을 지도 모르지만 제가 올려다볼 때는 마치 거인처럼 보였습니다. 많은 사람이 저를 둘러싸고 있어서 덜컥 겁이 났어요. 불빛이 번쩍이고 사이렌 소리도 요란했습니다. 정신을 잃은 저를 보고 어떤 사람이 제가 죽었다고 생각했던 모양입니다. 그때 나이가 겨우 스물일곱이었습니다. 스물일곱 살 청년이 길거리에서 기절하는 것은 흔한 일이 아니죠.

사람들은 저를 병원에 데려가려고 했지만 저는 일단 그 자리를 뜨고 싶었습니다. 그래서 병원에는 가지 않아도 된다고 말하고 사람들 사이를 빠져나왔습니다. 근처 벤치에 혼자 앉아 있는데 불현듯 제 안에서 나지막한 소리가 들렸습니다. "네가 전부 청소할 수는 없어. 그러면 어떻게 해야 할까?"

그날 이후 저는 옷차림부터 바꿨습니다. 사업가처럼 차려입고 다른 사람을 고용해 사무실 청소를 맡겼죠. 청소 사업은 점점 커져서 토론토, 몬트리올, 보스턴, 클리블랜드, 애틀랜타 그리고 런던에 지사를 세우기까지 채 5년이 걸리지 않았습니다.

만약 누군가 무슨 일을 하냐고 물으면 '사무실 청소'라고 대답했을 겁니다. 하지만 당시 저는 또 다른 일을 하고 있었습니다. 저는 매일 『생각하라 그리고 부자가 되어라』를 읽으며 훈련하고 있었습니다. 사무실 청소를 하는 사람은 많았지만, 저처럼 자기를 훈련하는 사람은 없었습니다. 많은 이가 『생각하라 그리고 부자가 되어라』를 읽었지만, 저처럼 자기를 훈련하는 사람은 없었습니다. 저는 제가 성공할 수 있었던 이유가 무엇인지 알고 싶었습니다.

가난의 마인드에서
부의 마인드로

✱

레이 스탠퍼드는 우선 현재 자신이 어디에 있는지 살피고, 그다음 어디로 나아가려는지 확인한 후 목표를 향해 나아가라고 가르쳐주었습니다. 너무 당연하고 하나도 어려울 게 없는 말입니다. 이렇게 간단한 일인데 어째서 사람들은 앞으로 나아가지 못하는 걸까요?

한 가지 분명한 사실은, 사람들은 자신이 어디로 가는지 모른다는 것입니다. 예전에는 목표가 없는 게 문제라고 여겼는데 지금은 그렇지 않습니다. 사람들은 대체로 목표가 있습니다. 목표를 제대로 설명하지 못하기도 하고, 명확하게 적어놓은 것도 아니라 다른 사람들이 이해하지 못할 수도 있지만, 어쨌든 사람은 누구나 목표를 지니고 있습니다.

그렇다면 무엇이 문제일까요? 문제는 현재 위치에 있습니다. **현재 당신이 있는 자리, 바로 그게 진짜 문제입니다.**

당신은 지금 어디에 있습니까? 대개는 이렇게 대답할 겁니다. "제가 지금 어디에 있는지는 당연히 알죠. 당신 강연을 들으려고 여기 쉐라톤 호텔에 있잖아요." 당신의 몸은 여기에 있는 게 맞습니다. 하지만 당신의 마인드는 어디에 있습니까? 성공에 이르는 이 간단한 원칙을 알면서도 앞으로 나아가지 못하는 이유가 무엇일까요?

우리 인격은 두 영역으로 나뉘어 있기 때문입니다. 하나는 세상과 그 안에 있는 대상을 관찰하고 지각하는 마음 즉, 의식입니다. 의식 영역에서 우리는 선택하고 생각하고 상상합니다. 또 하나는 '감정적' 마음 즉, 잠재의식입니다. 잠재의식에 대해서는 잠시 후에 살펴보겠습니다.

지금보다 훨씬 많은 돈을 벌 수 있다고 믿으십니까? 제 강연을 듣는 사람들은 "저는 앞으로 훨씬 많은 돈을 벌 거라고 확신해요"라고 말합니다. 그 믿음은 거짓이 아닙니다. 의식 차원에서는 '할 수 있고말고! 정말 그렇게 될 거야!'라고 믿습니다.

하지만 우리의 행동을 통제하는 것은 의식이 아닙니다. 그리고 우리가 얼마나 돈을 벌지는 우리의 행동에 달려 있습니다.

우리의 행동을 통제하는 것은 지각 작용이 일어나는 의식이 아닙니다. 여기까지 말하면 사람들은 이미 알고 있다고 말하곤 합니다. 하지만 사람들이 놓치고 있는 게 있습니다. 바로 잠재의식입니다. 잠재의식에서는 부자가 될 수 있다고 믿지 않는다는 사실을, 당신은 모르고 있을 가능성이 높습니다.

'실천praxis'이라는 말은 믿음과 행동이 하나로 통합된 행위를 가리킵니다. 무엇보다 중요한 것은 의식 차원의 믿음을 잠재의식 차원까지 끌어올리는 일입니다. 오래된 관념과 습관을 버리고 새로운 생각을 심어야 합니다. 그렇게 했을 때 모든 것이 바뀝니다.

제가 성공을 이룬 것도 그 일을 해냈기 때문입니다. 저는 정확히 무엇을 어떻게 했는지도 모른 채 엄청난 돈을 벌었습니다.

패러다임이 문제입니다. 패러다임이란 무엇일까요? 패러다임은 수많은 습관이며 각자의 마인드에 새겨진 프로그램입니다. 잠시 후에 패러다임이 무엇인지 자세히 살펴보고, 지금은 제가 레이와 나눴던 이야기를 해보겠습니다.

레이는 저를 옆에 앉히고 종이에 'R'을 적었습니다.

"밥, 이 'R'은 자네가 삶에서 얻는 성과result야. 자네는 현재 성과에 만족하나?"

그러고는 'H' 두 개와 'W'를 종이에 적었습니다.

"여기 'H' 두 개와 'W'는 각각 행복happiness, 건강health, 그리고 재산wealth을 상징해. 자네는 내가 행복한 사람이라고 생각하나?"

"무척 행복해 보여요."

"자네는 내가 아픈 모습을 본 적 있나?"

저는 레이가 병석에 있는 모습을 본 적 없었습니다.

"내가 빈털터리였을 때를 본 적이 있나?"

제가 본 레이는 늘 돈이 두둑했습니다. 돈 한 푼 없는 레이는 상상해본 적도 없었죠.

레이가 말했습니다. "밥, 자네는 내가 만나본 사람 가운데 가장 불행해 보여." 그 말이 맞았습니다. 당시 저는 불행했습니다.

살면서 이따금 재미를 느꼈어도 재미와 행복은 전혀 다른 것입니다. 재미는 유효 기간이 짧고 얄팍한 감정입니다. 제가 생각하기에 사람은 누구나 이따금 재미를 느낍니다. 하지만 행복은 영혼 깊이 흐르고 쉽게 사라지지 않습니다. 저는 행복한 사람이 아니었습니다. 행복이 뭔지도 몰랐죠.

레이가 말했습니다. "자네는 아무리 봐도 불행한 사람이야. 항상 아프지. 죽을병에 걸린 것은 아니지만 두통이나 감기를 달고 살아. 게다가 항상 빈털터리야."

앞에서도 말했지만 당시 저는 연봉이 4000달러였는데 빚이 6000달러였습니다.

레이는 "내가 시키는 대로만 하게"라고 말했습니다. 레이가 제게 왜 그런 가르침을 주었는지는 지금도 모르겠습니다. 그저 사람은 누구나 인생의 길을 안내해줄 스승을 만나기 마련이라고 믿을 뿐입니다. 저는 레이라는 스승에게 인도를 받았고 그가 제 삶에 들어온 것은 우연이 아니라고 믿습니다.

레이를 만나고 1년 만에 채무 6000달러와 연봉 4000달러뿐이었던 제 재정 상태는 소득 17만 5000달러로 바뀌었습니다. 소득은 100만 달러까지 늘어났습니다. 그때가 1960년대였으니, 당시 100만 달러는 지금의 100만 달러와는 비교할 수 없는 엄청난 돈이었습니다.

도대체 어떻게 한 거냐고 묻는 사람에게 저는 모른다고 말할 수밖에 없었습니다. 정말로 그 이유를 몰랐습니다. 하지만 앞에서도 언급했듯이 저는 어떻게 제 삶이 바뀐 것인지 알고 싶었습니다.

제 성장 배경은 보잘 게 없습니다. 내세울 만한 일을 한 적도 없고요. 형제로는 한 살 위의 누나와 한 살 아래 남동생이 있는데 두 사람은 공부를 잘했고, 문제를 일으킨 적도 없습니다. 저는 좀 달랐죠. 어머니는 종종 울먹이며 제게 "너는 도대체 왜 그러니?"라고 물으셨는데, 제가 줄곧 잘못을 저질렀기 때문입니다. 저는 나아지지 않고 어머니 꾸중을 들으면서 죄책감까지 키우고 있었습니다.

저는 해군에 입대하고서도 힘든 시간만 보냈습니다. 사업 경험도 없었죠. 학력은 중학교를 마치고 댄포스 기술학교에 두어 달 다닌 것이 전부였습니다. 하루는 교감 선생님이 저를 부르더니 앞으로 학교에 나오지 않아도 된다고 했습니다. 저는 학교에 안 가도 되는 게 그저 기뻤습니다! 저는 학교를 좋아하지 못했습니다. 학교를 좋아할 이유를 제게 제공한 사람이 아무도 없었으니까요.

생각해봅시다. 학교를 졸업하고 직장에 다니면서 사람들은 무엇을 하나요? 자신이 소유한 시간, 에너지, 열정, 지식을 팔아 돈을 벌 것입니다. 저는 딱히 팔 게 없었고 심지어 사고방식도 부정적이었습니다.

학교를 그만두고 처음 한 일은 정육점 배달원이었습니다. 자전거가 없어서 손수레로 물건을 날라야 했죠. 너무 힘들어서 그 일을 그만두고 토론토 시내에서 일자리를 구했습니다. 주당 12달러를 받고 저녁 5시부터 새벽 2시까지 인쇄소에서 일했습니다. 지금 생각해보면 그때 저를 고용했던 이들은 참 좋은 사람이었습니다. 12달러를 받을 자격도 없는 제게 그 돈을 줬으니 말입니다.

해군 복무를 마치고는 주점에서 일했습니다. 정확히는 두 주점에서 일했는데 각각 1시간 만에 해고당했습니다. 그것도 기록이라면 기록이지요. 1시간 만에 해고라니요. 그것도 두 번씩이나!

한번은 아내와 차를 타고 가다가 두 주점 가운데 한 가게를 지난 적이 있습니다. "린다, 저기 주점 보여요? 저기가 바로 내가 1시간 일했던 곳이에요." 제가 마신 술이 손님에게 판 술보다 많았으니, 주점에서 저를 계속 쓰고 싶지 않았던 게 당연하죠.

제 배경을 생각하면 제가 어떻게 여러 곳에 지점을 내고 수많은 사람을 고용해 이렇게 많은 돈을 벌고 있는지 의아할 뿐입니다. 만약 과거의 나와 달라진 나 사이에 괴리가 느껴지지 않았다면 저는 십중팔구 계속 지점을 늘리며 청소 사업을 하고 있었을 것입니다. 하지만 그 격차를 생각할수록 혼란스러워졌습니다. 무슨 일이 일어났는지 알아야 했습니다. 제가 달라진 이유는 무엇일까요?

저는 이 의문을 풀기로 마음먹었습니다. 해답을 찾기까지는 9년이 넘게 걸렸습니다. 제가 달라진 이유는 패러다임을 바꿨기 때문입니다. 그게 바로 제가 한 일입니다. 저는 두 가지 방식으로 패러다임을 바꿨습니다. 하나는 감정을 움직이는 일에 몰입하는 것이고, 다른 하나는 아이디어를 끊임없이 반복하는 것이었습니다.

당신이 되고 싶은 사람처럼 행동하라.

———•◦•———

윌리엄 제임스

Bob Proctor

Day 2

✳

하고 싶은 것을 하며
살 자유

부의 흐름을 타라

✳

저는 차를 타고 이동할 때마다 무한히 반복해 듣는 오디오북이
두 개 있습니다. 하나는 얼 나이팅게일의 『세상에서 가장 이상
한 비밀』이고, 또 하나는 『생각하라 그리고 부자가 되어라』입
니다. 너무 많이 들은 나머지 내용이 뇌리에 새겨질 정도죠. 얼
나이팅게일의 메시지는 제 일부가 되었습니다. 그의 말을 듣고
있으면 제 세포 하나하나가 바뀌는 기분이 듭니다. 그리고 저
자신이 그의 메시지를 구현한 증거가 되었습니다.

저는 세계에서 가장 뛰어난 지성인들과 교류했으며 천재 중
의 천재라고 불리는 이들과 함께 성공의 원리를 공부했습니다.
저는 이들이 무엇을 가르치는지 알고 싶었고, 이들 역시 기꺼

이 자신이 아는 걸 가르쳐주었습니다. 그 결과 저는 세상 대부분의 사람이 모르는 걸 알게 되었습니다. 우리가 지금의 일을 하는 이유가 무엇인지, 하고 싶은 일이 있는데도 하지 않는 이유가 무엇인지 알게 되었습니다. 어떻게 해야 하는지 알고 있으면서도 실행하지 못하는 이유, 앞으로 나아가지 못하는 이유를 아는 사람은 극히 드뭅니다.

제가 컨설턴트로 처음 일한 대기업은 푸르덴셜 생명입니다. 당시 푸르덴셜 생명은 역사상 가장 큰 보험사로 꼽힐 정도로 규모가 컸습니다. 직원 교육에 수백만 달러를 투자하고 있었는데, 그러면서도 탁월한 실적을 올리는 직원이 그러한 성과를 내는 이유를 몰랐습니다. 하지만 저는 그 이유를 알았죠.

시카고 지점 부사장 사무실에서 저는 멜 헤이크래프트를 만났습니다. 시카고 지점은 푸르덴셜 생명에서도 가장 실적이 좋은 곳이었습니다. 헤이크래프트 부사장이 말했습니다. "묘책이 있습니까?"

저는 이렇게 대답했습니다. "부사장님의 삶을 뒤바꿔놓을 아이디어가 있습니다."

헤이크래프트는 제 말을 듣더니 컨설팅 홍보 책자 뭉치를 들고 왔습니다. 그러고는 책상 위에 주르륵 펼쳐놓으며 말했습니다. "이 책들도 다들 그렇게 말하더군요."

"저는 다릅니다."

"어떻게 다른가요?"

"저는 성과를 냅니다."

"그런가요? 그런데 이 사람들도 똑같이 말했어요."

"네, 그렇겠죠. 그래도 저는 다릅니다."

"무슨 차이입니까?"

"바로 저 자신입니다. 여기서 언어유희를 즐길 수도 있습니다만, 부사장님의 과제는 영업실적을 높이는 것입니다. 만약 부사장님이 실적을 높이지 못하면 위에서 가만 있지 않겠죠. 부사장님도 잘 아실 겁니다. 부사장님이 원하는 목표를 달성하도록 제가 도와드리죠. 제일 우수한 직원들로 100명만 지원해주세요. 형편없는 직원은 안 됩니다. 그런 직원들로는 아무도 실적을 내지 못합니다. 제일 우수한 직원들을 붙여주시면 무엇을 할 수 있는지 보여드리죠. 그리고 비용은 한 푼도 받지 않겠습니다."

부사장은 저를 쳐다보더니 "그럽시다"라고 말했습니다.

부사장은 제 제안을 수락했습니다. 저는 우수 직원 100명을 선발했고, 제 지시를 따른 직원들은 높은 실적을 올렸습니다. 어떻게 영업실적을 끌어올렸는지 회사 사람 모두가 궁금해했습니다.

❧

제가 직원 100명을 데리고 실적을 높일 수 있음을 증명하자 회사는 450명을 맡겼습니다. 저는 시카고에 있는 힐사이드 홀리데이 인에서 푸르덴셜 영업사원 450명을 만났습니다. 직원들 앞에서 이렇게 말했어요. "여러분 모두 올해 500만 달러 계약을 성사시킬 방법을 알려드리겠습니다."

직원들의 표정이 싸늘하게 바뀌었습니다. 몸은 그곳에 있어도 마음이 떠난 것을 알 수 있었죠.

첫 번째 휴식 시간에 한 남자가 다가와서 말했습니다.

"프록터 선생님, 보험 상품을 팔아보신 경험이 있습니까?"

"아뇨, 한 번도 없습니다. 왜 그러시죠?"

"선생님은 지금 자신이 무슨 말을 하는지 전혀 모르시는 것 같아요."

"아니요. 저는 제가 무슨 말을 하는지 정확히 압니다. 보험 상품을 팔아본 적이 없다고 말했습니다."

"이 회사가 내년이면 설립 100주년이라는 사실을 아십니까?"

"알고 있습니다."

"그러면 우리 회사 영업사원이 2만 명이나 된다는 사실은 아십니까?"

"예."

"영업사원 중에 500만 달러 실적을 기록한 직원이 단 한 명도 없다는 사실도 아십니까?"

"그렇다면 당신이 그 첫 번째 주인공이 될 수 있겠네요."

저를 쳐다보는 남자의 얼굴에 헛웃음이 스쳤습니다.

"선생님은 이 일을 올해 안에 할 수 있다고 하셨어요. 이제 곧 8월이니까 반년도 안 남았습니다."

"그러면 그 일을 이루기까지 오래 걸리지 않겠네요. 안 그렇습니까?"

저는 이어서 이렇게 말했습니다. "당신은 이미 500만 달러 계약을 성사시킬 방법을 알고 있습니다. 여기서 문제는 판매 방법이 아닙니다. 이미 그 방법을 알면서도 그대로 실행하지 않는 이유가 무엇이냐는 것이죠. 제 말을 귀 기울여 들어보세요. 500만 달러 실적을 올리는 방법을 알려드리죠. 저는 보험 판매 경험이 없지만 그 방법은 알고 있습니다. 당신은 보험 판매 방법을 알고 있어요. **다만 어째서 자신이 하고 싶은 일이 있을 하지 못하는지 그 이유를 모를 뿐이죠.**"

그 사람의 이름은 돈 슬로반이었습니다. 슬로반은 12월 둘째 주에 판매 실적 520만 달러를 돌파했습니다. 그리고 그 해가 끝나기 전에 600만 달러를 웃도는 판매 실적을 기록했죠. 푸르덴셜은 이걸 전부 기록으로 남겼고 기사도 많이 났으니, 확인할 수 있을 겁니다.

500만 달러 실적을 올린 사람은 슬로반 한 사람만이 아니었습니다. 슬로반 뒤를 이어 여러 직원이 목표를 달성했습니다. 그러자 본사에서는 프록터라는 사람이 무슨 일을 한 건지 알아보라고 심리학자들을 파견했습니다. 한 심리학자는 돌아가서 이렇게 보고했다고 합니다. "프록터라는 사람이 했던 강의를 녹화한 뒤 배우를 고용해 똑같이 말하게 하면 됩니다!" 제가 무슨 일을 하는지 전혀 모르는 그 사람이 정말 안타깝습니다. 그 심리학자는 제가 했던 말만 알면 된다고 생각한 거죠. 하지만 사람들을 움직인 힘은 제 말이 아니라 제가 투사하는 에너지에서 나온다는 것을 그 사람은 몰랐습니다.

❧

제 인생을 바꾼 것이 무엇인지 마침내 알아냈습니다. 삶을 변화시키는 방법을 알아내고자 다른 사람들을 관찰할 필요가 없었습니다. 나를 관찰하는 것으로 충분했던 거죠. 당신이 어떤 사람인지 따로 공부할 필요가 없다는 뜻입니다. 당신과 나는 똑같은 사람입니다. 남성이 있고 여성이 있지만 생식 기관을 제외하면 우리는 모두 똑같은 사람입니다. 나이와 인종, 문화 차이가 있다고 할지 몰라요. 겉모습만 다를 뿐입니다. 겉으로 드러나는 것은 진리와 관련이 없습니다. 우리는 모두 재와 먼지로 돌아가는 사람입니다. 그렇기에 고차원의 능력을 활용할 줄 알아야 합니다. 내면을 들여다봐야 하는 거죠.

사람은 육신을 입고 살아가지만 영적인 존재입니다. 인류의 의식은 모두 연결되어 있습니다. 모든 사람은 정신 능력이 있습니다. 물론 인간의 뇌에 내재한 프로그램은 저마다 차이가 있고, 유전적 구성도 저마다 다릅니다. 또 인간은 모두 다른 환경에서 성장합니다. 하지만 인간의 정신 능력은 기본적으로 같습니다.

인간은 감각기관을 통해 외부와 소통하며 살아가는 법을 배웁니다. 보고, 듣고, 냄새를 맡고, 만지고, 맛을 봅니다. 우리는 외부 세계가 우리 마음을 통제하도록 내버려둡니다. 외부의 시선과 평가가 자신의 정체성을 규정하도록 허용합니다. 이렇게 형성된 정체성이 영업실적이나 직무평가 결과로 나타나게 됩니다.

인간에게는 고차원의 정신 능력이 있어서 직감, 관점, 의지, 기억, 판단, 상상을 할 수 있습니다. 이런 능력을 효과적으로 사용하고 개발할 때 외부 세계에 통제당하지 않고, 외부 세계를 통제할 수 있습니다.

아인슈타인의 말이 맞습니다. "직관적인 마음은 신성한 선물이고 이성적인 마음은 충직한 하인이다. 우리가 창조한 사회는 하인을 떠받들고 선물을 망각해버렸다."

우리가 할 일은 자신의 패러다임이 어떻게 결정되는지, 또 어떻게 바꿀 수 있는지 이해하는 것입니다. 그래야 패러다임에 지배당하지 않고 패러다임을 통제하게 됩니다. **패러다임을 통제하는 법을 아는 사람은 삶을 주도하게 됩니다. 어떤 목표를 세**

우든 그 목표를 달성할 수 있지요.

☙

문제는 단 하나, 바로 무지입니다. 무지는 사람들이 앞으로 나아가지 못하게 가로막는 유일한 장애물이죠. 그런데 사람들은 대부분 무지할 뿐 아니라 자신이 무지하다는 사실도 모릅니다.

삶이 바뀌는 체험을 하고 싶나요? 당신이 할 일은 마음을 열고 알아차리는 것, 이것뿐입니다.

나폴레온 힐은 정말로 훌륭한 통찰을 제공했습니다. 이른바 '큰돈'은 물이 내리막길을 따라 흐르듯 돈을 모은 사람에게 자연스럽게 흘러간다는 것이죠. 세상에는 우리 눈에는 보이지 않지만 강력한 힘이 존재하고 이 힘은 강물과 같습니다. 한쪽에는 위로 흐르는 물줄기를 따라 사람들이 부를 향해 올라갑니다. 반대쪽에는 불행한 사람을 끌어들이는 물줄기가 흐르고 거기서 빠져나오지 못하는 사람들이 가난과 불행을 향해 내려갑니다.

엄청난 부를 축적한 사람은 모두 인생을 움직이는 강력한 힘을 알고 있습니다. 이 흐름을 만드는 것은 우리의 사고입니다. **긍정적인 사고와 정서는 행운을 향해 흘러가는 흐름을 만듭니다. 부정적인 사고와 정서는 빈곤을 향해 흘러가는 흐름을 만들어 냅니다.**

이 비유는 부를 축적하고자 목표를 세우고 부의 원리를 따르려는 사람에게 엄청나게 중요한 개념입니다.

당신의 삶이 속절없이 빈곤으로 끌려가고 있습니까? 제가 제시하는 부의 원리를 노라고 생각하고 열심히 저으면 그 흐름에서 벗어나 반대 방향으로 나아갈 수 있습니다. 노가 있어도 젓지 않으면 아무 소용없듯이 부의 원리를 삶에 적용하고 활용하지 않으면 상황은 달라지지 않습니다. 이 원리를 듣고도 스쳐 지나가거나 이러쿵저러쿵 판단해서는 아무것도 나아지지 않을 겁니다.

가난과 부귀는 서로 자리를 바꾸곤 합니다. 부귀한 자리에서 가난한 자리로 내려가는 것은 대체로 자발적입니다. 반면에 가난한 자리에서 부귀한 자리로 오르는 변화는 철저하게 수립한 계획을 세심하게 실행할 때 일어납니다. 가난해지는 데는 계획이 필요 없습니다. 다른 사람의 도움도 필요 없지요. 가난은 가차 없이 들이닥치기 때문입니다. 부는 수줍음을 타고 겁이 많습니다. 당신이 끌어당기지 않으면 부를 얻을 수 없습니다.

이제 큰돈을 버는 방법이 무엇인지 살펴봅시다. 사람들은 부를 향해 올라가는 물줄기를 타고 싶어 합니다. 사람들은 큰돈을 벌고 싶고, 그 목표를 이루고 싶어 합니다. 돈은 뭘까요? 간단히 말하면 돈은 돋보기입니다. 이를 명심해야 합니다. 돈을 많이 번다고 해서 좋은 사람이 되지 않습니다. 돈은 기존의 것을 확대할 뿐입니다. 그러니까 돈이 많아지면 나쁜 사람은 아주 끔찍한 사람이 되고, 좋은 사람은 더 좋은 사람이 됩니다. 돈이 많아지면 하고 싶은 일을 더 많이 할 수 있습니다. 돈은 그런 겁니다. **돈의 효용은 두 가지입니다. 첫째, 몸과 마음이 편해져서 더 효과적으로 일할 수 있게 됩니다. 둘째, 훨씬 더 큰 규모로 선한 일을 할 수 있게 됩니다.**

돈은 어디서 나올까요? 무한한 우주에서 옵니다. 만물이 어디서 나오는지 생각해보면 알 수 있습니다. 돈은 종이일 뿐입니다. 종이 위에 잉크로 무늬와 글자를 찍은 것이죠. 이 종이는 사용하지 않으면 낡은 신문지나 마찬가지입니다. 종이 자체는 돈이 아닙니다. 돈은 개념입니다. 당신은 우주에 있는 돈을 손에 넣을 수 있습니다. 하지만 그러려면 당신이 그 돈을 끌어들여야 합니다. 공짜로 주어지는 게 아니기 때문에 노력으로 얻어내야 하죠. 지폐를 '제작하는' 사람은 조폐국 직원이거나 교도소에 있거나 앞으로 교도소에 갈 사람뿐입니다. 나머지 사람들은 모두 돈을 '벌어서' 쓸 뿐입니다. 이 간단한 이치를 깨닫기만 한다면 누구나 돈 버는 법을 배울 수 있습니다.

이렇게 생각해봅시다. 하루를 긍정적인 생각으로 시작하면 하루가 잘 풀릴 가능성이 큽니다. 반면에 부정적인 생각으로 하루를 시작하면 하루가 꼬일 가능성이 크죠.

그런데 우리 하루는 부정적으로 시작될 가능성이 아주 높습니다. 하루를 시작하고 얼마 지나지 않아 누군가가 당신에게 나쁜 소식을 전해줄 것입니다. 아니면 당신이 나쁜 뉴스를 들을 수도 있고요. 텔레비전을 켜면 나쁜 소식을 얼마든지 들을 수 있습니다. 누군가 나타나 고민거리를 안겨줄지도 모릅니다. 그 사람들이 일부러 그런 것은 아닐 겁니다. 그저 세상에는 부정적인 말과 사건이 많을 뿐입니다. 만약 당신이 나쁜 소식에 귀를 기울이면 궤도를 벗어나게 됩니다. 이때는 신속히 정상 궤도로 복귀해야 합니다.

돈 문제도 마찬가지입니다. 제가 말하는 원리를 그려보기 바랍니다. 강줄기를 떠올려보세요. 한쪽은 당신이 원하는 것을 향해 흘러가고 다른 한쪽은 당신이 원하는 것에서 점점 멀어집니다. 한쪽은 부를 향해 흐르고 다른 한쪽은 빈곤을 향해 흐릅니다.

클래스 7
변화를 일으키는 진정한 열쇠

에너지와 의식 수준이
핵심이다

✳

사람은 자기가 원하는 것을 끌어당기지 않습니다. 원한다는 것은 본질상 의식적인 일로, 원하는 것은 우리 의식에서 일어납니다. 우리는 자신과 조화를 이루는 것을 끌어당기고, 우리가 삶에 끌어들이는 것은 우리 자신을 반영합니다.

우리는 잠재의식에 뿌리내린 생각의 총합입니다. 성공하고 싶다면 간절히 바라는 것이 있어야 하고, 이 바람을 마음 깊이 각인해야 합니다. 우주와 연결된 잠재의식 깊숙이 이 바람을 새겨넣어야 합니다. 그러면 이 목표가 진동을 일으키고 우리는 그 진동 안에 있게 됩니다.

우리는 자신과 일치하는 에너지만 끌어당길 수 있습니다. 이 진동을 주파수라고 합시다. 우리 몸과 마인드는 주파수에 따라 기능합니다. 주파수가 맞아야 들리는 라디오처럼 주파수가 맞아야 우리가 원하는 것을 수신할 수 있습니다. 혹시 지금 불안한가요? 혹은 주변 환경에 휘둘리고 있지는 않나요? 아니면 돈 문제가 마음을 어지럽히고 있나요? 그렇다면 장담하건대, 당신은 앞으로 더 많은 문제를 끌어당길 것입니다. 우리는 같은 주파수로 진동하는 것을 끌어당기기 마련이니까요.

그렇다면 어떻게 해야 할까요? 답은 의식 수준을 높이는 것입니다. 초등학교에서 수학을 배울 때를 떠올려봅시다. 곱셈을 배운 다음에 분수 개념을 배웁니다. 이제 단순히 숫자를 곱할 뿐 아니라 숫자 아래 선을 긋고 그 선분 아래 숫자를 쓸 수 있게 되었습니다. 선생님은 선분 위아래로 숫자가 있는 분수를 나란히 두고 숫자를 서로 곱하라고 가르쳐줍니다. 선생님이 칠판에 계산하는 법을 쓰면서 알려주지만 단번에 이해되지 않습니다. 그러면 선생님이 옆에 와서 공책에 숫자를 적어가며 분수 계산하는 법을 알려주고는 제대로 이해했는지 물어봅니다.

당신은 말합니다. "어떻게 하는지 모르겠어요."

선생님은 방금 보여줬으니 그대로 해보라고 하지만 당신은 "어떻게 하는지 모르겠어요"라고 말할 뿐입니다.

선생님이 말합니다. "주의를 집중해서 선생님이 어떻게 하는지 잘 보렴."

당신은 선생님의 설명을 귀담지 않았습니다. 귀로 듣기는 해도 마음을 담아 듣지 않는 거죠. 상대방이 하는 말을 분명히 들었는데 무슨 말을 했는지 물어보면 재현할 수 없을 때가 많습니다. 마음을 담아 듣지 않았기 때문입니다. 상대방이 하는 말을 마음에 담아야 그 말이 들립니다. 선생님이 설명하는 것을 집중해서 들으면 마침내 이해하게 됩니다. "이제 알겠어요"라고 말한다면 문제가 해결된 거죠. 의식 수준을 높이면 이치를 이해하게 됩니다.

무엇보다 의식 수준을 높이는 게 먼저입니다. 의식 수준은 모든 것의 기초이기 때문입니다. 다시 말해, 무지에서 벗어나는 앎과 깨우침이 있어야 합니다. 솔로몬 왕도 이 진리를 알고 있었기에 이렇게 말했습니다. "네가 얻은 모든 것을 가지고 명철을 얻을지니라."

지금부터 제대로 생각해봅시다. 당신이 삶에서 얻고 있는 결과는 당신의 의식 수준을 그대로 반영합니다. 이 사실을 이해하면 잠재의식에 뿌리내린 패러다임에 막혀 보지 못했던 것을 보게 됩니다. 패러다임이란 의식 수준을 발전시키지 못하게 막는 오래된 습관입니다. 이 습관을 바꿔야 합니다.

당신의 의식 수준이 약간 확장되었다고 상상해봅시다. 의식 수준이 조금만 높아져도 성과를 몇 배나 높일 수 있습니다! 의식 수준을 높이려면 그 원리를 이해하는 것이 중요합니다. 우리가 할 일은 삶의 다양한 영역에서 의식 수준을 높이는 것입니다.

불을 켜면 어둠이 사라집니다. 빛으로 나아갈 때 더 높은 수준으로 의식이 확장됩니다.

명심하십시오. 어떤 사람이 연간 10만 달러를 버는 이유는 연간 10만 달러를 벌고 싶어서가 아닙니다. 한 달에 10만 달러를 버는 방법을 인식하지 못했기 때문입니다! 한 달에 10만 달러를 버는 방법을 알게 되면, 다시는 연간 10만 달러에 만족하지 않게 됩니다.

빛으로 나아가십시오! 더 높은 의식 수준으로 나아가십시오! 간절한 마음으로 의식 수준을 높여나가야 합니다. 마이아 앤절로도 이렇게 말했습니다. "제대로 알 때까지 최선을 다하라. 그리고 제대로 알게 되면 더 나은 행동을 하면 된다."

우리가 해야 할 질문은 바로 이것입니다. '어떻게 해야 의식 수준을 높일 수 있을까?' 이 질문에 대한 답을 얻어야 합니다. 그러려면 전문가의 지도하에 제대로 교육을 받아야 합니다.

의식 수준을 높이는 일은 작은 아이디어를 큰 아이디어로 바꾸는 일입니다. 더 큰 아이디어로 바뀔 때마다 당신의 의식 수준도 높아집니다.

어둠을 무서워하는 아이들이 있습니다. 어른들은 그런 아이를 안타깝게 여기죠. 하지만 그보다 훨씬 안타까운 건 빛을 두려워하는 어른입니다. 깨어나는 것을 두려워하는 사람들이 있습니다. 잠들어 있는 상태가 편하기 때문이죠. 지금 당신의 주변에도 폭력적인 남편이나 술에 취한 남편에게 학대를 당하는 여성들이 있습니다. 하지만 그런 여성들은 남편을 떠나는 것을 두려워합니다. 대체 왜 그럴까요? 그런 남자와 함께 사는 것보다 홀로 서는 것이 더 두렵기 때문입니다. 더러 떠나는 이들도 있지만 머지않아 똑같은 처지에 놓입니다. 이것은 드문 일이 아닙니다. 무엇 때문일까요? 의식 때문입니다. 의식을 바꿔야 합니다. 그렇지 않으면 잠시 달라질 뿐 변화를 지속할 수 없습니다. 자신이 진정으로 원하는 것을 끌어당길 수 없는 거죠.

"우리가 찾고자 하는 모든 것이 우리를 찾고 있다."

이 말이 바로 이해되십니까? 저도 처음에는 이 말이 무슨 뜻인지 이해하지 못했습니다. 하지만 이 말은 참된 진리입니다. 우리가 찾고자 하는 모든 것은 이미 우리 안에 있습니다. 성공하고자 한다면 자신이 어떤 사람인지 알아차려야 한다는 말입니다.

저는 강연장에서 무작위로 한 사람을 지목해 그 사람의 성격을 자세히 설명한 적이 있습니다. 그때의 일을 이야기해볼까 합니다.

밥: 티나, 인간의 성격을 연구한 지 얼마나 되었나요?

티나: 26년이 됐어요.

밥: 아까 저처럼 당신이 어떤 사람인지 말해주는 사람을 자주 만나나요? 흔한 일은 아니죠?

티나: 드문 일이죠.

밥: 저 같은 사람을 만난 건 처음이죠? 저는 당신을 매우 정확하게 평가했어요. 더 자세히 이야기하며 정확성을 입증

할 수도 있지만, 그 정도만 해도 당신의 성격을 정확하게 읽었다고 할 수 있지 않나요?

티나: 정말 정확해요.

밥: 제가 무슨 수로 당신을 정확히 알았을까요? 잘 들어보세요. 여기 앉아 있는 건 티나가 아닙니다. 티나의 몸이죠. 이 몸은 분자로 구성되어 있습니다. 매우 빠른 속도로 진동하는 분자 덩어리입니다. 이 몸은 티나의 마음이 아닙니다. 마음의 표현입니다. 마음은 진동합니다. 몸은 그 진동의 표현이고요. 당신은 그 진동 안에 있고, 저는 그 진동을 읽을 수 있습니다. 제가 읽을 수 있다면, 누구나 읽을 수 있어요. 몸에서 나오는 에너지는 매우 강력해서 실제로 촬영할 수도 있습니다. 당신이 마음에서 상상하는 이미지를 바꾸면 에너지가 뿜어내는 밀도가 달라집니다.

제가 태어나던 해에 러시아 사진작가 세묜 키를리안Semyon Kirlian은 생물체에서 나오는 에너지를 촬영하는 사진술을 개발했습니다. 이 사진술을 이용하면 신기한 현상을 볼 수 있습니다. 이를테면 티나가 상상하는 이미지를 바꾸면 발산하는 에너지의 밀도와 색상이 바뀌는 것을 볼 수 있는 거죠.

제가 티나의 에너지와 접촉하면 티나의 에너지가 달라지기도 합니다. 티나는 저로 인해 에너지가 바뀌고, 저 역시 티나로 인해 에너지가 바뀌는 거죠. 비유하자면 저와 티나는 동료로서 서로의 에너지에 변화를 일으키는 거라고 할 수 있습니다.

실제로 사무실 내부의 직원들 배치를 적절하게 조율하면 에너지가 막힘 없이 흐르게 되고, 그러면 생산성도 올라가는데 이를 '순환'이라고 합니다.

우리 몸을 흐르는 혈액이 더는 순환하지 않을 때 육체는 죽음을 맞습니다. 그리고 우리 생명은 영원한 여정의 다음 단계로 넘어갑니다. 순환은 우주의 법칙입니다. 우리를 둘러싼 환경이 우리의 정신 상태에 크게 영향을 미친다는 사실을 알아야 합니다.

캔자스주 토피카에 있는 메닝거 재단의 칼 메닝거는 유전보다 환경이 중요하다고 말합니다. 그 말이 맞습니다. 우리는 어떤 사람과 함께 시간을 보내는지에 관심을 가져야 합니다. 저는 저와 많은 시간을 보내는 사람을 선택할 때 신중을 기합니다. 함께 많은 시간을 보내고 싶지 않은 사람들이 있습니다. 제가 그들보다 우월해서가 아니라 그 사람들처럼 되고 싶지 않기 때문입니다. 제가 다른 사람보다 잘난 사람이라고 생각하지 않고 그렇다고 못난 사람이라고 생각하지도 않습니다. 제가 하고 싶은 말은 당신이 추구하지 않는 방식으로 사는 사람들과는 가까이 지내지 말라는 것입니다. 부정적인 진동을 가진 사람과는 시간을 많이 보내지 않는 게 현명합니다.

> **밥**: 티나, 당신은 20년 넘게 마음을 연구해왔어요. 그런데 오늘 제가 한 사람 옆을 지나가면서 그 사람이 어떤 사람인지 알 수 있다는 게 무척 이례적이라고 하셨죠. 제가 말씀드리고 싶은 건 이게 특별한 능력이 아니라는 겁니다. 제가 할 수 있다면 당신도 할 수 있습니다. 당신이 할 수 없는 것은 저도 할 수 없어요. 당신은 다른 사람을 관찰하면서 그 사람이 하는 일을 배울 수 있습니다. 당신이 정말로 그 일을 원하기만 한다면 말이죠.

저는 기업을 방문할 때면, 회의실에 앉아 있는 사람들의 면면을 곧바로 파악하곤 합니다. 그 사람들과 어떻게 일해야 하는지도 바로 판단하죠. 어떤 사람이 좌뇌형 특징이 강하고 어떤 사람이 우뇌형 특징이 강한지, 또 어떤 사람이 좌뇌형과 우뇌형의 특징을 모두 지녔는지 알 수 있습니다. 그 사람들의 에너지에 주의를 기울이면 대화를 어떻게 이끌어야 거래가 성공적으로 이루어질지도 알 수 있습니다. 하지만 제가 중요하게 생각하는 것은 거래의 성공 여부가 아닙니다. 그들과 거래를 하고 싶은지가 중요합니다. 만약 거래하고 싶은 마음이 들지 않는다면, 저는 거래를 하지 않습니다. 왜 그럴까요? 함께 일하고 싶지 않은 사람들이 있기 때문입니다. 매일 설득해야 하는 사람과는 일하고 싶지 않습니다. 끊임없이 설득해야 하는 사람을 코칭하는 게 무슨 의미가 있을까요? 그 사람이 제 말을 듣지 않는다면 양쪽 모두 해를 입게 됩니다. 그래서 저는 누구와 함께 일할지 신중하게 선택합니다. 사람들은 대체로 자신이 원하는 방식대로 코칭해주기를 바라는데, 그렇게 해서는 효과가 없습니다.

고객이 제가 시키는 대로 따른다면 저는 계속 함께 일합니다. 그들이 진정으로 부자가 되길 원한다면 그들은 훌륭한 학생이 될 테고, 수백만 달러를 벌게 될 것입니다. 하지만 어느 정도 배우고 나면 흥미를 잃고 배움을 중단하는 사람이 많습니다.

우수한 학생은 정보를 빠르게 수집합니다. 언제나 더 많이 배우고 싶어 하지요. 그들은 배움을 열망하고 자신의 것으로 흡수합니다. 제가 생각하는 훌륭한 학생은 아주 사소한 것에도 질문을 멈추지 않고, 어떤 질문이든 부끄러워하지 않는 사람입니다.

어리석은 질문이란 없습니다. 궁금한 게 있으면 물어야 합니다. 우리가 원하는 것은 의식 수준을 향상하는 것이기 때문입니다. **의식 수준이 핵심이고, 때로는 그게 전부라고 할 수 있습니다.**

경이로운 내면세계를
여는 법

*

레이먼드 홀리웰Raymond Holliwell은 『번영의 법칙을 따르는 법 Working with the Law』에서 이렇게 말했습니다. "우리 내면에는 경이로운 세계가 있다. 우리에게 계시하는 이 세계 덕분에 우리는 자연의 한계 내에서 우리가 바라는 것이라면 무엇이든 수행하고, 획득하고, 성취할 수 있다."

우리 안에서 작동하는 놀라운 세계가 있습니다. 우리는 이 세계를 이해해야 합니다. 우리 영혼의 유전자는 완전합니다. 거기에는 아무런 흠도 없죠. 수정할 필요도 없고 개선할 필요도 없습니다. 이 사실을 이해하는 게 중요합니다. 우리는 이미 완전성을 갖추고 있습니다. 우리 안에 이미 존재하는 것을 끌어내기만 하면 됩니다. 처음에는 할 수 없을 것 같던 일도, 간절히 바라는 마인드로 임하면 생각보다 수월하게 풀리곤 합니다. 내 안에 상상보다 훨씬 큰 힘이 있기 때문입니다. 그리고 그렇게 할 때마다 이전에는 인식하지 못했던 능력이 내게 있다는 것을 깨닫게 됩니다.

사람들은 목표를 달성하려면 필요한 것이 많고, 모든 게 갖춰져야만 한다고 생각합니다. 하지만 어떤 것도 외부에서 찾을 필요가 없습니다. **당신은 이미 필요한 것을 다 갖고 있습니다. 무일푼에서 수백만 달러를 버는 부자가 되기까지 저는 어떤 것도 구할 필요가 없었습니다. 필요한 것은 내가 이미 가지고 있다는 사실을 인식했을 뿐입니다.**

과학과 기술이 밝혀낸 바에 따르면, 세상에 존재하는 모든 힘은 모든 장소에 동시에 존재합니다. 당연히 우리 안에도 있습니다! 모든 힘과 모든 지식이 우리 안에 있다는 뜻입니다. 이 법칙을 이해해야 합니다. 지금까지 존재했거나 앞으로 존재할 지식은 항상 존재해왔습니다. 이는 중요한 명제입니다. 에너지는 새로 만들어지거나 사라지지 않습니다. 모든 만물은 똑같은 에너지, 다른 말로 하면 똑같은 영혼에서 나옵니다. 생각해보세요. "아이디어는 어디서 나올까?" "스마트폰 아이디어는 어디서 나왔을까?"

간단하게 말하자면 창의적인 아이디어를 생산한 개인이 있고, 이 사람은 끊임없이 우리에게 들어오고 또 흘러나가는 에너지에서 아이디어를 얻은 것입니다. 상상할 수 있다면 현실에도 나타납니다.

어려운 얘기가 아닙니다. 아이들도 충분히 이해할 수 있는 개념이죠. 저희 집에는 스포츠 카드 다섯 장으로 구성된 액자가 있습니다. 십종경기 금메달리스트 다섯 명의 사진과 사인이 있는 카드 세트인데, 그 가운데 한 명이 내 친구 밀트 캠벨입니다. 이 카드 세트를 선물한 것도 밀트였습니다. 나머지 선수들은 밥 마티아스, 짐 소프, 레퍼 존슨, 그리고 지금은 케이틀린 제너로 알려진 브루스 제너입니다.

당시 밀트는 나와 함께 아이 열두 명을 가르쳤습니다. 일주일에 1시간씩 아이들과 전화로 대화를 나누며 마인드와 인생에 대해 가르쳤습니다. 12주 강의가 끝나자 그 아이들은 1만 관중이 운집한 무대에 올라 어른들의 이목을 사로잡았습니다.

그 아이들은 겨우 1시간씩 12번 강의를 들었을 뿐이었는데 말이죠. 그토록 짧은 시간에도 아이들은 마인드가 무엇인지 깨달았습니다.

자신이 많이 안다고 생각하는 어른들은 제 가르침에 야유를 보내기 일쑤입니다. 어쩔 수 없죠. 태초부터 내려오는 진리를 이해하는 사람은 항상 소수에 불과했으니까요.

무엇보다 먼저 우리는 영적 존재라는 사실을 이해해야 합니다. 에너지는 언제나 당신 안으로 흘러 들어오고 흘러나갑니다. 당신은 이 에너지를 이용해 원하는 것은 무엇이든 이룰 수 있습니다. **당신 안의 에너지로 생각을 선택하고, 그 생각을 내면화하면 신체의 진동이 바뀝니다.** 사람은 의식의 영역에서 자신의 몸에 흐르는 진동을 자각하고, 이때 자각한 것을 느낌이라고 부릅니다. '느낌'이란 의식의 영역에서 일어난 자각을 설명하려고 만든 단어입니다.

의식은 주변에서 당신에게 흘러 들어오는 여러 아이디어와 사건을 거르는 필터입니다. 이 필터는 당신이 어디에 몰입할지 선택하게 해줍니다. 에밋 폭스Emmet fox는 자신의 책에서 이렇게 말했습니다. "인생에서 만나는 실패는 모두 유한한 것들과 한 편을 먹은 탓이다. 인생에서 만나는 성공은 모두 내면의 법칙과 한 편을 먹은 덕분이다."

사람들은 눈으로 볼 수 없고 냄새를 맡거나 맛을 보지도 못하고 만질 수도 없어 물리적으로 개입할 수 없을 때 거기에 아무것도 없다고 말합니다. 흔히 "우리가 알지 못하는 것이 우리를 해칠 수 없다"라고 말하지만 그렇지 않습니다. 우리가 알지 못하는 것이 우리를 죽일 수 있습니다. 생각해보세요. 이 강연장 안에는 공기가 가득합니다. 만약 이 강연장을 완전히 차단하고 공기를 계속 주입하면 어떻게 될까요? 강연장이 터져버리겠죠. 말 그대로 사방의 벽이 폭발해 무너져 내릴 겁니다.

우리 눈에는 보이지 않아도 에너지가 존재합니다. 인생에서 맛보는 실패는 모두 유한한 것, 곧 외부 세계에서 일어나는 현상에 얽매여 있기 때문입니다. 외부 세계에서 한계에 직면하면 다른 가능성은 없다고 생각합니다. 더 많은 돈을 벌고 싶지만 줄어드는 통장 잔액만 보이는 거죠. 정말로 원하는 것이 있는데도 그것을 추구하지 않습니다. 만약 주변의 유한한 것, 이를테면 점점 줄어드는 잔액에 집중하고 그것만이 현실이라고 믿는다면 그 같은 현실을 더 많이 끌어당기게 될 겁니다.

하지만 우리는 내면세계로 초점을 전환할 수 있고, 성공할 수 있다는 믿음을 가질 수 있습니다. 원하는 것이 무엇이든 그

것을 성취할 방법은 이미 존재합니다. 당신의 삶이 지지부진하다면 원하는 것을 이룩할 방법이 이미 자기 안에 있다는 것을 자각하지 못했기 때문입니다. 정말입니다. 다른 이유는 없습니다.

그러면 어떻게 해야 할까요? 당신의 꿈이 무엇이든 그 꿈을 성취한 자신의 모습을 매일 시각화해야 합니다. 그 꿈을 이룬 자신을 그려보세요. 그러면 스스로 아이디어를 떠올리거나 아니면 다른 사람의 도움으로 그 꿈을 성취할 길이 열릴 겁니다. **꿈을 이룬 자신의 모습에 집중하면 마인드는 그 꿈과 같은 주파수에 맞춰지고, 그 꿈을 자석처럼 끌어당기게 됩니다.**

저는 전 세계를 돌며 많은 강연을 하는데, 종종 강연 중 저를 가리키며 "이게 저입니다"라고 말합니다. 이렇게 말할 때 제가 가리키는 것은 엄밀히 말해 제가 아니라 제 육체입니다. 만약 어떤 사람이 제게 "누구세요?"라고 물으면 저는 "밥 프록터입니다"라고 대답하겠지만, 엄밀히 말하면 저는 밥 프록터가 아닙니다. 밥 프록터는 제 이름일 뿐이죠. 나는 손이라거나 나는

Bob Proctor

머리라거나 나는 발이라고 말하는 사람은 없습니다. "내 손" "내 머리" "내 발" "내 이름" "내 몸"이라고 말합니다.

이 육체는 제가 아닙니다. 육안으로는 진정한 자아를 볼 수 없습니다. 저는 영혼이므로 제 일부는 모든 곳에 존재합니다. 제가 영혼을 소유한 게 아닙니다. 저는 영이며 혼입니다. 영을 가진 인간은 신이 창조한 피조물 가운데 가장 고등한 생명체로, 전지하고 전능합니다.

우리는 모두 영적인 존재이기 때문에 아무리 멀리 떨어져 있어도 서로의 존재를 느낄 수 있습니다. 그 사람이 당신을 생각하고 당신이 그 사람을 생각하면 에너지가 연결됩니다. 이때 당신은 그 사람과 주파수를 맞추게 되고, 그 사람의 존재를 느끼게 됩니다. 영혼은 시간도 공간도 뛰어넘습니다. 영혼의 관점에서 시간과 공간은 허상에 불과합니다. 정신에는 시간이나 공간의 한계가 없습니다. 이 사실을 이해해야 합니다.

지금까지 존재했거나 앞으로 존재할 지식은 모두 우리 안에 있다는 사실을 알아야 합니다. 비행기로 하늘을 나는 방법도 언제나 우리 안에 존재했습니다. 컴퓨터와 스마트폰을 만드는 방법도 언제나 우리 안에 있었어요.

사람들은 왜 힘겹게 살아갈까요? 어째서 이런 영적 지식을 거부하는 걸까요? 헨리 포드가 자동차를 만들었을 때 사람들은 이렇게 말했다고 합니다. "이런 멍청한 물건 따위를 구매할일은 없어요." "좋은 말과 근사한 마차를 마련하는 편이 훨씬낫죠." "사람들은 절대로 그런 걸 사지 않을 겁니다." "도로를건설해야 하고 곳곳에 주유소를 세워야 한다니까요?" "자동차는 결코 대중의 인기를 얻지 못할 겁니다."

우리는 그들이 틀렸다는 것을 아주 잘 알고 있습니다. 100년이 채 지나지 않아 자동차는 사람들이 가장 선호하는 교통수단이 되었으니까요. 하지만 진실을 말하자면 가장 좋은 교통수단은 아직 나오지 않았습니다. 당신도 업무를 처리하는 가장 좋은 방법을 아직 생각해내지 못했죠. 그러니 그 방법을 생각해보는 것이 어떨까요? 그 지식은 이미 당신 안에 있습니다. 그지식을 꺼내서 사용하기만 하면 됩니다.

최근 저는 텔아비브에 갔다가 키프로스로, 키프로스에서 두바이로, 두바이에서 멜버른으로, 멜버른에서 오클랜드로, 오클랜드에서 로스앤젤레스로, 로스앤젤레스에서 토론토로 이동

Bob Proctor

했습니다. 일주일 조금 넘는 시간에 이 일정을 모두 소화한 겁니다. 제가 가는 곳마다 사람들이 몰려들어 부탁했습니다. "선생님, 한 시간만 시간을 내줄 수 있나요?" "15분만 시간을 내주세요!" "질문 딱 하나만 해도 될까요?" 안타깝지만 사람들의 요청을 들어줄 수 없었습니다. 다음 도시로 이동하려면 비행기에 올라야 했으니까요.

하지만 저는 줄곧 생각했습니다. '이 사람들에게 시간을 내야 해. 이 사람들의 질문에 대답해줄 수 있다면 그들의 삶 전체를 바꿀 수 있지 않을까? 그 사람들이 찾고 싶은 답을 내가 알려줄 수 있을 텐데. 이 사람들과 소통할 방법이 분명히 있을 거야.'

로스앤젤레스에서 비행기를 타고 토론토로 돌아오는 길에 문득 스트리밍 서비스가 떠올랐습니다! 사실 저는 스트리밍 서비스에 대해 아는 게 전혀 없었습니다. 그래서 통신 담당자인 조슈아 카에게 전화해서 스트리밍 서비스를 아는지 물었죠.

조슈아가 말했습니다. "물론이죠, 뭐가 궁금하세요?"

"내가 스트리밍 방송을 할 수 있을까요?"

"당연하죠, 필요한 것들을 설치해드릴게요."

한두 시간 후에 조슈아에게 전화가 왔습니다. "컴퓨터에 아이콘이 생겼을 거예요. 그걸 클릭하면 됩니다."

그렇게 스트리밍 방송을 하게 되었습니다. 아이디어를 떠올리고 두 시간여 만에 스트리밍 채널을 개설한 거죠. 저는 동시에 전 세계 사람들과 만나고 이야기를 나눌 수 있게 되었습니다.

우리가 할 수 있는 일에 한계는 없습니다! 하지만 생각에 그치지 말고 행동으로 옮겨야 합니다! 저는 스트리밍 서비스를 어떻게 해야 하는지 전혀 몰랐습니다. 하지만 제가 그 방법을 몰라도 상관없었죠. 그 방법을 아는 사람이 있었고, 그 사람에게 도움을 요청하면 되니까요. 하고 싶은 일을 해낼 방법이 이미 존재한다는 사실을 명심해야 합니다. 우리가 할 일은 약간의 도움을 받는 것뿐입니다.

당신을 도울 사람을 찾으십시오! 겁내지 말고 도움을 청하세요. 가장 똑똑한 사람이 되려고 애쓰지 않아도 됩니다. 세상은 넓고, 이 세상에는 나보다 똑똑한 사람이 얼마든 있습니다. 내가 모르는 해결 방법을 아는 사람들이 있어요. 그 방법을 직접 배워

도 좋고 아니면 제가 했던 것처럼 그 방법을 아는 사람에게 도움을 구해도 좋습니다. 명심할 건 이겁니다. 방법을 모른다는 이유로 하고 싶은 일을 포기해서는 안 된다는 거죠.

앤드루 카네기는 이 사실을 정확히 지적했습니다.

> 막대한 부를 일구려면 힘이 필요하고, 고도로 조직화한 전문 지식을 효과적으로 실행할 때 이 힘을 얻을 수 있다. 그러나 부를 일구고 싶은 당사자가 반드시 그 지식을 획득할 필요는 없다.

카네기는 철강 사업을 전혀 몰랐고 그 지식을 얻는 데 관심도 없었다고 합니다. 카네기는 철강 생산과 마케팅에 필요한 지식을 자신이 조직한 전문가 집단에서 얻었습니다. 그렇게 해서 카네기는 세계 최고의 부자가 되었고, 세계 최초의 억만장자가 되었습니다.

우주에 존재하는 힘은 모든 곳에 균일하게 분포합니다. 당신에게도 그 힘이 있어요! 당신 안에는 이미 모든 지식과 모든 질문에 대한 답이 있습니다. 웹스터 사전에 따르면 답이 없는 질문은 수사학적 질문이라고 합니다. 그것은 질문이 아니라 진술이지요. 질문이 있으면 답이 있기 마련입니다. 마치 동전의 양면과 같은 거죠. 양극성의 법칙에 따르면 모든 것에는 양과 음이 있습니다. 질문에는 답이 있고, 위가 있으면 아래가 있고, 뜨거움에는 차가움이 있습니다. 음극과 양극은 한 쌍입니다. 질문이 제대로 되었다면 답은 항상 있습니다.

⌇⌇

"사람들이 보는 내가 진정한 나인가?"라고 물었을 때 사람들의 답은 둘로 갈립니다. "당연하죠, 그게 접니다"라고 한 치의 의심도 하지 않는 사람들이 있습니다. 하지만 이렇게 말하는 사람도 있죠. "진정한 나인지 아닌지 알고 싶어요. 하지만 어떻게 하면 될지 모르겠어요."

사람들이 언제나 '어떻게 하는 줄 몰라서 할 수가 없다'라고 말했다면 인류는 지금 어떻게 되었을까요? 아마 지금의 문명 수준에 이르지 못했을 겁니다. 당신도 마찬가지입니다. 어떻게 하는지 그 방법을 당신이 직접 알 필요는 없습니다. 자신에게 무엇이든 해낼 힘이 있다는 사실만 알면 됩니다. 본인이 할 줄 아는 일만 목표로 세우고 있나요? 그렇다면 성장이 아니라 현상 유지를 할 뿐입니다. 놀라운 성과를 내고 싶다면 도무지 어떻게 해야 하는지 모르는 일을 목표로 정해야 합니다. 당신이 물어야 할 질문은 이것입니다. "나는 그 일을 하고 싶은가? 진심으로 그 일을 하고 싶은가?"

저는 『밥 프록터의 위대한 발견』에서 팻과 존이라는 부부를 소개한 적이 있습니다. 제가 처음 만났을 때 두 사람은 무척 힘겨운 시기를 보내고 있었고, 사이도 좋지 않았습니다. 저는 그들에게 이렇게 말했습니다. "두 사람 문제가 뭔지 알아요? 두 사람은 목표가 없습니다! 목표가 있어야 해요. 진심으로 바라는 게 있습니까?"

팻은 저와 대화하면서 점점 관심을 보였지만 존은 짜증을 내곤 했습니다. 그래도 이윽고 두 사람이 말했습니다. "우리 집을 갖고 싶어요."

"그러면 집을 사세요."

"하지만 돈이 없어요."

"돈은 필요 없어요. 뭣 때문에 돈이 필요하죠?"

"무슨 소리를 하는 거예요? 돈이 필요 없다니요?"

"집을 살지 말지도 정하지 못했는데 돈이 왜 필요하겠어요? 자기 마음을 들여다봐요. 진심으로 원하는 게 뭔가요?"

존과 팻은 당시 팻의 딸과 함께 지하실을 빌려서 살고 있었습니다. 존의 아들은 전처와 함께 살고 있었고 존과는 연락을 하지 않는 상태였습니다. 존과 팻은 자녀들과 함께 크리스마스를 보낼 수 있는 집을 갖고 싶어 했습니다.

제가 말했습니다. "그럼 그게 목표네요. 그거라면 별로 어렵지 않아요. 그냥 요청하면 됩니다."

"그냥 요청하면 된다니요? 무슨 말이에요?"

"말 그대로입니다. 요청하세요."

저는 마침 근처에 있는 하비 캘리스 부동산에서 일하는 부동산 중개인 내털리 코프먼을 알고 있었습니다. 저는 내털리에게 전화했어요. "내털리, 잠깐 만날 수 있을까요? 집을 사고 싶어 하는 고객이 있어요."

몇 년 전 제 세미나에 참석했던 내털리는 무엇을 해야 하는지 정확히 알고 있었습니다. 내털리는 팻과 존에게 원하는 집이 어떤 집인지 알려달라고 했습니다. 그리고 그 조건에 맞는 집을 찾아냈죠. 바즈 워크웨이 7번지에 있는 집이었습니다. 내털리는 부부에게 주택 구매 절차를 알려주었죠. 이때가 10월이었습니다.

존과 팻은 보험 설계사였으므로, 저는 이렇게 조언했습니다.

"매니저를 찾아가 어떻게 해야 그만한 목돈을 빨리 모을 수 있는지 알려달라고 하세요." 두 사람은 매니저를 찾아갔고, 제가 시키는 대로 했습니다. 그리고 바즈 워크웨이 7번지로 이사했습니다. 두 사람이 그 집에 들어간 것이 12월 12일경이었고, 저는 16일에 그 집을 방문했습니다.

집에는 달랑 의자 두 개와 손바닥만 한 식탁뿐이었습니다. 제가 말했습니다. "이렇게 크리스마스를 맞을 계획인가요?"

팻이 말했습니다. "존의 아들은 아직도 우리와 대화할 마음이 없어요."

제가 다시 말했습니다. "크리스마스까지 아직 시간이 있잖아요."

때마침 저희 부부도 이사한 지 얼마 되지 않았고 남는 식탁 세트를 처분하려던 참이었습니다. 다행히 당시 제 차는 컨버터블이어서 지붕을 열고 식탁과 의자를 실을 수 있었어요. 저는 지붕을 연 채로 한겨울 도로를 달려 그 집에 도착했습니다. 드디어 크리스마스 당일, 존의 아들이 나타났고 팻의 딸도 자리를 지켰습니다. 부부는 바라는 대로 가족과 함께 새로운 집에서 크리스마스 만찬을 즐겼습니다.

우리 안에는 합일의 열망, 즉 신과 하나가 되고 싶어 하는 열망이 있습니다. 이 열망이 우리를 성장시킵니다. 이 열망이 실현되도록 허용할 때 놀라운 창의성이 발휘됩니다.

이때부터 우리는 자신의 고유한 특성을 표현하게 됩니다. 내가 찾는 모든 질문에 대한 해답이 내 안에 있음을 알게 되지요. **우리가 할 것은 그저 마음이 한계에 갇히지 않도록 자유롭게 놔주는 것뿐입니다. 마음을 열고 내가 바라는 좋은 것들을 받아들이기만 하면 됩니다.**

제가 정한 저희 회사의 연간 매출은 1억 달러입니다. 어떤 사람들은 제가 욕심이 과하다고 하고, 제게 슬슬 은퇴할 때가 되지 않았냐고 물어봅니다. 은퇴를 권유하는 거죠. 제게 그 말은 이제 슬슬 무덤에 들어가는 게 어떠냐고 권유하는 것과 진배없습니다. 은퇴란 인생에서 물러나는 것이므로 좋은 선택이 아닙니다. 저는 아직도 하고 싶은 일이 산더미처럼 많습니다. 아프리카에 학교를 짓는 일을 비롯해 제가 하고 싶은 일을 하려면 돈이 많이 필요합니다. 만약 돈이 남아도는 사람이 있다면, 자신이 해야 할 일을 하지 않고 있기 때문입니다! 저는 이미 해낸 일보다 앞으로 하고 싶은 일이 더 많습니다.

저는 돈만 많이 버는 일에는 흥미가 없습니다. 돈으로 하고 싶은 일이 있기에 돈을 버는 거죠. 돈은 그저 수단입니다. 집으로 돌아가려면 자동차를 타고, 다른 나라로 이동하려면 비행기를 타는 것과 마찬가지입니다. **돈은 인간으로서 자신의 고유한 특성을 표현하는 데 사용하는 도구입니다.**

우리는 불멸하는 영혼을 지니고 태어났습니다. 이 사실을 이해할 때 비로소 진정한 '나'를 이해하게 됩니다. '내가 누구인지' 알고, 이 진리를 마음에 새겨야 합니다.

제가 하는 이야기를 그저 듣기만 해도 당신은 자신을 더 객관적으로 보게 될 테고, 어쩌면 자신이 조금은 낯선 사람처럼 느껴질 것입니다.

외부인의 시점에서 자기 자신을 관찰할 수 있는 생명체는 인간뿐입니다. 인간은 자기 행동을 관찰할 수 있습니다. 또한 자신이 하는 말을 들을 수 있지요. 자신이 무슨 일을 하는지 또 어디로 나아가는지에 주의를 기울일 수 있습니다.

스티브 보라는 제 친구가 한 말을 소개하고 싶습니다. "신은 우리에게 평생 쓰고도 남을 엄청난 재능과 능력을 선물로 주셨다. 우리가 신께 드릴 선물은 이 땅에 사는 동안 신이 주신 재능과 능력을 최대한 활용하는 것이다."

～✦～

제 세미나에 참석한 사람들은, 여기 있는 모든 이에게 도움을 받아 자신이 원하는 것을 이룰 기회를 얻은 셈입니다. 아직은 내가 원하는 게 무엇인지 모른다는 사람도 있을 겁니다. 자신이 원하는 게 무엇인지 안다고 생각했는데 강연을 듣다 보니 생각이 바뀐 사람도 있을 거고요. 어쩌면 전에는 생각지도 못한 꿈이 생겼을지도 모릅니다.

지난 10월 세미나에 참석했던 제니퍼는 자신이 무엇을 원하는지 모르겠다고 했습니다. 그리고 석 달이 지나 1월에 저는 제니퍼를 다시 만났습니다. 제니퍼는 10월에 강연장을 떠나면서 다른 사람은 모두 자신이 무엇을 원하는지 아는데 자신만 모르는 것 같아 울적했는데, 집에 돌아가 뜻밖에 변화를 맞이했다고 말했습니다.

무슨 일이 일어났던 걸까요? 제니퍼는 '내가 뭘 할 수 있을까?'라고 의심하는 대신 '내가 정말 좋아하고 잘하는 일이 무엇일까?'라고 묻기 시작했습니다. 저는 제니퍼에게 그 일이 무엇인지 물었습니다.

> **제니퍼**: 저는 좋은 엄마고, 엄마로 살아가는 일이 좋아요.
>
> **밥**: 그걸 깨닫고 나서 무슨 일이 일어났죠?
>
> **제니퍼**: 엄마로서 가정을 운영하는 데 대한 책을 써서 다음 세미나가 열릴 때까지 베스트셀러를 만들어야겠다고 목표를 세웠어요. 제 계획이 무모한가 싶어서 선생님께 편지를 보냈더니 선생님은 일단 저질러 보라고 하셨죠. 그래서 용기를 내 페기 매콜의 출판사에 연락했습니다.
>
> **밥**: 일주일 만에 책을 완성했다고요?
>
> **제니퍼**: 그럼요.
>
> **밥**: 그 책은 잘 되었나요?
>
> **제니퍼**: 놀라지 마세요. 제 책이 베스트셀러가 되었답니다!

제니퍼는 '내가 이 일을 할 수 있을까?'라고 고민하는 것을 멈추고 자신이 좋아하는 일에 집중하기 시작한 뒤 엄청난 변화를 경험했습니다.

자신이 하고 싶은 일이 무엇인지 아직 모르겠다면 질문을 바꿔봅시다. "나는 어떤 일을 좋아하는가?"

저는 지금 하는 일을 아주 좋아합니다. 깨달음을 얻어 달라지는 사람들을 보는 일이 즐겁기 때문이죠! 깨달음을 얻은 사람들은 말을 하지 않아도 에너지의 변화로 알 수 있습니다. 사람들은 깨달음에 이를 때 에너지가 달라집니다. 저는 이런 일을 자주 목격합니다. 깨달음을 얻는 사람들을 볼 때마다 무척 신이 나고 의욕이 솟구칩니다.

저는 어떻게 보면 연예인과 비슷한 일을 하고 있는 셈입니다. 연예인은 사람들에게 즐거움을 주는 일을 하죠. 그러기 위해 에너지를 발산합니다. 그러면서 연예인은 관객에게 에너지를 얻고 다시 관객에게 에너지를 보냅니다. 그렇게 에너지가 순환합니다. 제 세미나에서 일어나는 일도 똑같습니다. 에너지가 사람들 사이에서 순환하면서 갈수록 더 커지고 더 강력해집니다.

당신은 어떤 일에 애정을 느낍니까? 진정으로 좋아하는 일이 무엇입니까? 카드에 자신의 목표를 글로 적어보세요. 그러면 당신도 제니퍼처럼 그 목표가 사실 그렇게 어렵지 않다는 사실을 깨닫게 될 겁니다. 제니퍼가 일주일만에 완성한 책은 결국 베스트셀러가 되지 않았나요? 돌아보면 너무 간단해서 당황스러울지도 모릅니다.

그러니까 제 말은 '그게 무슨 대수라고 그리 겁을 먹었을까?' 라는 생각을 하게 되리라는 것입니다. '내가 과연 할 수 있을까?'라며 겁이 나는 것은 그 일을 어떻게 해야 할지 모르기 때문입니다. **하지만 목표를 이룰 방법을 알아낼 때까지 마냥 기다리면 아무것도 이루지 못합니다. 일단 시작하세요. 그러면 도움의 손길이 나타날 것입니다.**

제니퍼는 책을 쓰는 법을 전혀 몰랐습니다. 그래서 제게 도움을 청했습니다. 저는 페기의 연락처를 알려주었죠. 페기는 글쓰기와 도서 마케팅의 전문가였습니다.

여기 있는 모든 사람이 인맥과 아이디어를 동원해 당신의 아이디어를 돕는다면 어떻게 될까요? 그런 일이 일어나면 얼마나 멋질지 상상해보세요. 정말로 그런 일이 일어날 겁니다. 하지만 당신이 무엇을 하고 싶은지 정하지 못한다면 다른 사람들도 당신을 돕지 못합니다. 당신이 진정으로 무엇을 하고 싶은지 그 목표를 적어보세요. 만약 당신이 그 목표를 제게 알려준다면 저 역시 당신이 머릿속에 그린 그림과 똑같은 그림을 그리게 될 것입니다. 어떤가요? 정말 멋진 아이디어 아닌가요?

Bob Proctor

Day 3

✳

위대한 변화가
찾아온다

클래스 9
외상 후 성장의 단계

상상하라 그리고 행동하라

✳

한 세미나 참석자가 제게 했던 질문을 공유하고 싶습니다. "외상 후 스트레스만 있는 게 아니라 외상 후 성장도 있다고 들었습니다. 외상 후 성장은 어떻게 이루어지나요?"

저는 명상가이자 평화운동가인 마이클 백위스Michael Beckwith에게서 그 답을 얻었습니다. 백위스에 따르면 과거의 상처를 잊고 더 좋은 미래를 기대하며 성장하기까지 외상 후 성장은 세 단계를 거쳐 이루어집니다.

첫째는 이미 벌어진 일을 수용하는 단계입니다. 과거에 무슨 일이 벌어졌는지는 중요하지 않습니다. 당신 역시 과거에 겪은 나쁜 일 때문에 인생이 꼬였을지도 몰라요. 하지만 이미 벌어진 일입니다. 그 사건을 제어하거나 아니면 그 사건에 휘둘리거나 둘 중 하나를 선택할 수 있을 뿐입니다. 벌어진 일은 벌어진 일이니 현실을 받아들여야 합니다. 저는 백위스에게 이 이야기를 들은 바로 다음 주에 느닷없이 큰 수술을 받게 되었습니다. 심장을 꺼내고 폐를 허탈시켜 대동맥판을 교체하는 개흉 수술이었어요. 힘든 수술이었지만, 저는 빠르게 몸을 회복하고 90일 만에 자동차를 몰고 나가 신나게 도로를 달렸습니다. 백위스에게 상처를 딛고 앞으로 나아가는 법을 배운 덕분이었죠.

둘째는 좋은 것을 **추수**하는 것입니다. 저는 '추수하다'라는 말이 좋습니다. 사람들이 잘 익은 곡식을 수확하는 모습이 떠올라요. 좋은 점을 추수해야 합니다. 세상의 모든 일에는 좋은 점과 나쁜 점이 있고 좋은 점은 찾을수록 더 많이 발견하게 되니까요.

셋째는 **용서**입니다. 용서란 놓아주는 것입니다. 고통이든 상처든 붙들지 말고 놓아줘야 합니다. 나쁜 일을 곱씹는 일을 멈추고, 모두 용서하세요.

이것이 외상 후 성장 과정입니다. 누군가는 이렇게 생각할지도 모르겠습니다. '저걸로 될까? 상담사나 심리학자, 정신과 의사를 만나 상담을 받는 게 좋지 않을까? 외상을 극복하려면 심

리 치료를 받아야 하는 게 아닐까?'

쉽게 해결할 수 있는 일을 굳이 어렵고 힘들게 해결하고 싶은 사람은 없습니다. 만약 이 과정이 복잡했다면 저부터가 실행하지 못했을 겁니다. 저는 단순한 사람입니다. 언제나 일을 단순화하길 좋아하지요. 당신도 그렇게 하길 권합니다. **단박에 이해할 만큼 문제를 단순하게 만들어야 합니다. 이미 벌어진 일이라면 받아들이십시오. 과거의 사건에 휘둘리거나 사건을 제어하거나 둘 중 하나입니다. 이미 벌어진 일에서 좋은 것을 추수하고, 모두 용서하세요.**

❧

저는 예전에 에어포트 마리나 호텔에서 신시아 커시Cynthia Kersey를 만났습니다. 신시아는 베스트셀러 작가이자 수백만 달러를 모아 전 세계에 학교를 세우고 있는 멋진 사람입니다. 당시 신시아는 남편이 떠나버린 일로 크나큰 혼란과 충격에 빠져 있었습니다. 신시아는 심리 상담을 받고 호텔로 돌아온 길이었습니다. 신시아와 처음 대화를 나누던 날, 제가 물었습니다. "심리 치료사가 뭐라고 하던가요?"

"9개월에서 1년 정도는 속에서 분통이 치밀 거라고 하더 군요."

"그래서 어떻게 하고 싶으세요? 그 심리 치료사는 그만 만나 시죠. 당신이 분통을 내며 지낼 이유가 있을까요? 남편이 떠오 르거든 사랑하는 마음을 남편에게 보내세요."

신시아는 '뭐 이런 사람이 다 있어?'라는 얼굴로 저를 쳐다보 며 물었습니다. "사랑하는 마음을 보내라고요?"

제가 대답했습니다. "네, 사랑하는 마음을 보내세요. 사랑하 는 마음을 보내는 일은 남편과는 아무 상관이 없습니다. 당신 이 남편을 떠올리며 나쁜 생각을 하는 동안 남편은 십중팔구 좋은 시간을 보내겠지요. 문제는 당신이 남편을 미워하느라 나 쁜 에너지를 끌어당긴다는 겁니다."

신시아는 표정을 바꾸고 제 말에 집중하기 시작했습니다. 저 는 말을 이었습니다.

"당신의 마인드가 어떻게 작동하는지 이해해야 해요. 남편 에게 사랑을 보낼 때 그 에너지는 당신에게 돌아오게 됩니다. 우리 마인드는 에너지에 형체를 부여할 수 있어요. 그 에너지 를 아름다운 것으로 전환해서 남편에게 보내는 겁니다. 남편 이 그 에너지를 받아 무엇을 하든 그것은 남편에게 달렸습니다. 하지만 좋은 에너지를 보냄으로써 이득을 보는 쪽은 당신입니다."

용서란 무엇일까요? 용서는 자기 자신에게 유익한 행위입니다. 어떤 사람이 잘못을 저질렀다면 저는 그 사람을 용서합니다. 그 사람을 위해서가 아니라 나를 위해서입니다. 용서란 붙들지 않고 놓아주는 것입니다. 나쁘고 무거운 것들을 내려놓아야 합니다.

사람들은 아픔을 곱씹으며 슬픈 상처를 껴안고 살아가는 경향이 있습니다. 슬픈 과거를 꺼내 보고 또 꺼내 봅니다. 그러면 어떤 일이 일어날까요? 아픔을 곱씹을 때마다 그 일이 반복됩니다. 현실에서 실제로 그 일이 또 발생하지 않더라도 마음에서는 그 일이 똑같이 반복됩니다. 그런 마음으로 살고 싶은가요? 그런 마음이 좋은가요? 싫다면, 그 마음을 계속 품고 있는 이유가 무엇인가요? 자신이 진정으로 가고 싶은 곳을 떠올리고 그곳으로 찾아가야 합니다. 우리는 마음만 먹으면 어디든 찾아갈 수 있습니다. 우리에게는 선택할 능력이 있으니까요.

사람은 영적인 존재입니다. 지적 능력을 사용하는 방식에 따라 감정이 결정됩니다. 그리고 감정을 이입한 대상이 우리의 주파수를 결정합니다. 사람의 몸은 매우 빠른 속도로 진동하는 분자 덩어리라는 걸 잊지 마세요.

❦

용서는 경이로운 개념입니다. 무엇보다 자기 자신을 용서해야 합니다. 이미 저지른 일은 되돌리지 못합니다. 과거의 일 때문에 죄책감을 느끼며 방황하는 이가 많습니다. 죄책감과 분노는 자신을 망가뜨리는 아주 해로운 감정입니다.

제 부모님은 일찍부터 죄책감을 심어주었습니다. 그래서 나이가 들수록 죄책감에 시달리는 일이 많아졌고 그 감정을 떨쳐버리는 데 애를 먹었습니다. 아무리 사소한 일이라도 잘못했다는 생각이 들 때마다 심하게 죄책감을 느껴야 했죠. 저 역시 정신과 의사를 찾았던 적이 있습니다. 네 번인가 다섯 번 상담을 받았을 때였어요. 의사를 만나러 가는데 문득 더는 상담을 받을 필요가 없다는 생각이 들더군요. 그 정신과 의사는 용서라는 단순한 개념을 이용해 제가 죄책감을 떨쳐내도록 도와주었습니다.

용서는 정신 건강에 이롭습니다. 우리는 자신을 용서하는 법을 배워야 합니다. 그리고 다른 사람을 용서해야 합니다. 과거에 벌어진 일은 바꿀 수 없다는 사실을 받아들여야 합니다. 당신이 저지른 실수와 잘못 모두 놓아주어야 합니다! 과거의 일이 당신 마음에 찾아들 때마다 그 일을 붙들지 말고 놓아주세요. 누군가 당신에게 잘못을 저질렀어도 분노하지 말고 그 일을 놓아줘야 합니다. 그 사람이 다시 그런 짓을 하도록 놔두라는 말이 아닙니다. 나쁜 기억을 붙들어두지 말고 긍정적인 방향으로 나아가라는 뜻입니다.

용서만큼 우리를 자유롭게 하는 행위도 없습니다. 해로운 감정을 일으키는 생각은 붙들지 않고 놓아주는 습관을 길러야 합니다. 자신을 사랑하고, 존중해야 합니다. 자신의 잠재력을 스스로 낮추지 마세요.

사람이든 사건이든 그와 연관 지어 부정적인 생각을 떠올리는 것은 아무 도움이 되지 않습니다. 그것은 잘못된 일이고, 해롭기 그지없어요. 나쁜 생각은 당신이 하는 사업을 갉아먹습니다. 소득을 갉아먹기도 합니다. 사랑이나 우정을 망가뜨리기도 하고요.

용서는 성장할 힘을 줍니다. 용서하고 나면 몸도 마음도 건강해집니다. 소득이 증가하고 친구가 늘고 사업이 성장하게 되지요. 죄책감과 분노를 버리고 그 자리에 아름답고 풍요로운 생각을 채우십시오.

버크민스터 풀러Buckminster Fuller가 말했습니다. "기존의 현실에 대적하는 것으로는 변화를 끌어내지 못한다. 뭔가를 바꾸려면 새로운 모델을 만들어 기존 모델을 쓸데없게 만들어야 한다."

당신이 앞으로 어떻게 바뀌고 싶은지 결정했다면 매일 그 목표를 향해 나아가야 합니다. **과거에 머물지 말고 목표에 시선을 고정하십시오!** 당신이 닮고 싶은 사람이라면 어떻게 할지 상상하고 그 사람처럼 행동하세요.

마인드가 모든 걸
가능하게 한다

*

제임스 앨런의 글 하나를 소개하고 싶습니다.

마음은 만물을 빚어내는 힘.

사람이 곧 마음이며

우리 생각은 언제나 뜻하는 바를 빚어내고 실현한다.

모든 기쁨과 고난은 마음에서 비롯하는 것.

마음으로 생각하면 그 생각이 실현되니

우리를 둘러싼 환경은 마음을 반영하는 거울이다.

앨런이 이 글을 쓴 지 100년이 조금 넘었습니다. 저는 50년 넘게 앨런의 글을 공부했는데, 해가 갈수록 이 글은 제게 더욱 깊은 의미로 다가옵니다. 이 글은 생각의 법칙에 관한 것입니다.

생각은 인간이 지닌 힘 중에서 가장 강력한 힘입니다.

퓰리처상을 수상한 극작가 아치볼드 매클리시는 『자유의 비결The Secret of Freedom』이라는 희곡에서 이렇게 말했습니다. "인간을 인간답게 만드는 유일한 특징은 바로 마음이야. 그 밖의 속성은 말이나 돼지에게도 찾을 수 있어."

우습게 표현했지만, 참으로 옳은 말입니다. 마음 말고 인간이 지닌 다른 속성은 모두 말이나 돼지에게도 있습니다. 마음에는 한계를 가늠할 수 없는 매우 강력한 에너지가 있습니다. 생각이 만들어내는 진동은 우주적 진동으로 모든 시간과 공간에 침투합니다.

생각의 법칙을 자세히 얘기하기 전에 레이먼드 홀리웰이 『번영의 법칙을 따르는 법』에서 지적한 요점을 소개하는 게 좋을 것 같네요.

보통 사람에게 삶은 수수께끼이자 깊은 신비이고 이해하지 못할 복잡한 문제다. 혹은 그렇게 느끼며 살아간다. 하지만 삶을 이해하는 열쇠를 지닌 사람에게 삶은 지극히 단순하다. 신비롭다는 것은 무지하다는 것과 같다. 이해하지 못할 때는 모든 것이 신비롭지만 삶을 이해하고 나면 더는 신비롭지 않다.

스물여섯 살이 될 때까지 제게 인생은 온통 신비였습니다. 홀리웰이 말한 것처럼 이해할 수 없었기 때문입니다. 제 인생은 문제투성이였습니다. 그러는 중에 마인드와 우주의 법칙을 공부하게 되었죠. 지식을 받아들이고 그에 따라 마음을 제어하는 데 시간이 걸렸지만, 차츰 인생이 바뀌었습니다. 저를 괴롭히는 문제가 하나둘 사라지고 큰돈을 벌기 시작했습니다. 몸도 건강해져서 병을 앓는 일이 드물어졌습니다. 흥미로운 사람들과 어울리게 되었고, 저 역시 더욱 흥미로운 사람이 되었습니다. 흥미로운 사람 주변에는 흥미가 가득하기 때문이죠. 마인드라는 강력한 힘을 사용할 때 모든 것이 변하기 시작합니다. 홀리웰은 이렇게 말했습니다.

인간은 끊임없이 성장하며 진화하는 존재다. 내면의 힘을 개발하고 배양함으로써 우리 앞에 펼쳐진 광대한 진보의 바다를 헤쳐나가 정복할 수 있다. 성장은 그 사람의 마음 상태에 달렸다. 마음은 인생 전반을 좌우하는 힘이자 근본 요소이기 때문이다. 우리의 마음이 어떤 상태인지에 주의를 기울여야 한다. 그 까닭은 우리 마음이 우리 힘과 능력과 에너지가 어떻게 쓰이는지 방향과 실행력을 제어하고 결국 이 모든 것이 함께 작용해 개인의 인생과 운명을 결정 짓기 때문이다.

사람의 마인드란 컴퓨터의 CPU와 같습니다. 홀리웰의 말을 들어볼까요?

사물과 사건, 인생을 대할 때 취하는 심리와 태도가 그 사람의 마음을 구성한다. 현실을 대하는 태도가 열려 있고 긍정적인 사람은 그에 상응하는 마음이 형성되어 생산적이고 발전적인 사고를 할 것이다. 한 인격이 발휘하는 힘은 어떤 식으로든 의식을 거쳐 작용한다. 우리 몸과 마음에서 매일 일어나는 행위도 의식에서 제어하기에 마음 상태가 개인의 역량이 나아갈 방향을 결정하게 된다.

마인드가 어떤지가 가장 중요합니다. 사실 그게 전부라고 할 수 있죠. 하지만 사람들은 외부 환경을 바꿔야 변화할 수 있다는 믿음이 있습니다. 그렇게 교육받았기 때문입니다. 외부 세계의 이것도 고치고 저것도 고쳐야 한다고 믿는 거죠. 인간은 시각, 청각, 후각, 미각, 촉각 등 감각에 의지해 살아가도록 배웁니다. 의외로 의지, 관점, 상상, 직감, 기억, 판단 같은 고등한 지적 능력에 주의를 기울이지 않습니다. 하지만 변화를 끌어내는 힘은 바로 이 지적 능력에 있고, 모든 변화는 내면에서 시작합니다.

외부 세계에서 일어나는 일은 일부러 바꾸지 않아도 됩니다. 은행 계좌 잔액이든 건강이든 그건 문제가 아닙니다. 생각의 힘을 제어하게 되면 건강이 호전되고 은행 계좌의 잔액이 달라집니다. 아니, 인생의 모든 것이 바뀌기 시작합니다. 홀리웰은 생각의 힘에 대해 다음과 같이 설명했습니다.

> 생각은 미묘한 성질의 원소다. 육안으로는 보이지 않아도 전기, 빛, 열, 물이나 돌과 마찬가지로 실재하는 힘이다. 우리는 거대한 생각의 바다에 둘러싸여 있고, 우리의 생각은 전류나 섬광 혹은 음파처럼 이 바다를 가로지른다. 우리가

하는 생각은 섬광처럼 극에서 극으로 이동하며 1초도 안 되는 시간에 세상을 여러 차례 완주할 수 있다. 과학자들에 따르면 생각은 빛의 속도에 비견된다. 우리의 생각은 1초당 300킬로미터의 속도로 이동한다. 생각은 소리보다 93만 배나 더 빠르게 이동하는 셈이다. 우주의 다른 어떤 힘이나 에너지보다 빠르고 거대하다. 마음은 에너지를 생산하는 배터리이자 이제까지 알려진 원소 가운데 가장 강력하다는 사실은 논란의 여지가 없다.

놀랍지 않은가요? 생각할 줄 아는 사람은 컴퓨터 프로세서와 같습니다. 컴퓨터 프로세서는 오차 없이 기능할수록 엄청난 속도로 작업을 수행합니다. 우리에게는 생각할 힘이 있습니다. 그리고 우리가 생각한 것이 그대로 인생에서 결과로 나타납니다.

의심할 여지 없이 분명한 사실이 있습니다. 앞서도 언급했지만, 다시 강조하고 싶네요. **우리가 떠올린 생각에 감정을 이입하면 그 생각이 곧 우리 몸의 진동을 결정합니다.** 우리 몸은 거대한 자기 에너지입니다. 이는 실제로 확인 가능한 사실입니다. 암실에서 적외선 카메라로 우리 몸을 촬영하면 에너지를 반사하고 방출하는 형태를 눈으로 볼 수 있습니다. 만약 몸에서 내보내는 에너지의 소리를 들을 수 있다면 마치 교향곡처럼 들릴 겁니다.

눈에 보이는 우리 몸은 그저 하나의 사물입니다. 하지만 우리 몸은 단순한 사물이 아닙니다. 인간의 몸은 지구상에서 가장 놀라운 도구입니다. 우리는 육신 안에 있고, 우리가 하는 생각이 육신이 하려는 일을 결정합니다. 행동에 따라 결과가 달라진다는 사실은 모두 알고 있지요. **결과를 바꾸고 싶다면 행동을 바꿔야 합니다. 하지만 생각에 집중하지 않으면 행동이 바뀌지 않습니다.** 반복해서 떠올리는 생각이 잠재의식에 뿌리내립니다. 그리고 그렇게 각인된 생각이 우리 삶에서 일어나는 일들을 결정합니다. 홀리웰의 말을 들어봅시다.

어떤 이들은 두 가지를 처리해야 한다고 말한다. 좋은 것을 끌어당기려면 나쁜 것을 제거해야 한다는 것이다. 하지만 이는 사실이 아니다. 우리가 추울 때 체온을 올리려고 추위와 열기를 모두 처리할 필요가 없는 것과 같다. 불을 피우고 가까이 다가가 거기서 나오는 열기를 느끼면 몸이 따뜻해진다. 몸을 따뜻하게 데우면 추위가 사라진다. 몸을 따뜻하게 하려면 온기를 만들어내는 것에 온 생각을 모아야 한다. 추위에 신경 쓰지 말고 열기를 생각할 때 열기를 끌어당긴다. 번영과 빈곤은 따로 존재하는 것이 아니다. 한 가지 힘에서 나오는 두 가지 모습이다. 하나의 힘이 옳게 사용되었거나 잘못 사용된 결과일 뿐이다. 풍요한 삶을 생각하면서 동시에 궁핍한 삶을 생각할 수는 없다. 우리가 바라는 것은 풍요다. 풍요를 생각할 때는 풍요에 몰입하거나 그 반대인 궁핍이 사라진다. 우리가 원하는 상태에 온 생각을 집중할 때 그 열망이 이루어진다. 우리는 좋은 것과 나쁜 것, 옳은 것과 그른 것, 번영과 궁핍처럼 상반된 두 가지 힘을 동시에 처리할 필요가 없다. 선善의 법칙에 따라 좋은 생각에 집중하면 모든 유익함을 끌어당길 것이다.

인생을 바꾸고 싶나요? 그렇다면 자신의 마인드가 어떤지 깊이 들여다봐야 합니다.

올더스 헉슬리가 지적한 것처럼 "온 우주에서 우리가 고칠 수 있는 것은 오직 자기 자신뿐"입니다.

외부 세계의 조건은 모두 내면에서 벌어진 일의 반영일 뿐입니다. 우리는 생각을 선택할 수 있고, 그 생각이 삶을 결정합니다.

우리는 머릿속으로 떠올리는 생각대로 살게 됩니다. 그것이 생각의 법칙입니다.

ᕲᕲᕲ

사람은 타고난 성향에 따라 좌뇌 혹은 우뇌를 주로 사용합니다. 우뇌는 창의성을 담당하죠. 색, 이미지, 음악, 느낌이나 기분 등을 다룹니다. 좌뇌는 정보를 분석적으로 처리합니다. 그래서 좌뇌를 주로 사용하는 사람은 논리적 사고에 능숙합니다.

좌뇌를 주로 활용하는 사람은 생각의 법칙을 처음 접할 때 어려움을 겪곤 합니다. 어릴 때부터 논리적으로 머리를 쓰면 해답을 찾을 수 있다고 배우기 때문이죠. 어른들은 아이들에게 머리를 써서 답을 찾아내라고 가르칩니다. 아이가 "이거 갖고 싶어요"라고 말하면 부모는 "그래? 어떻게 가질 거야?"라고 되묻습니다. 아이는 어떻게 해야 원하는 것을 얻을 수 있는지 모릅니다. 아이는 방법을 알아내지 못하면 원하는 것을 얻지 못한다는 교훈을 마음에 새기게 됩니다.

아이가 좀 더 커서 하고 싶은 일이 생겼습니다. 그래서 부모에게 말합니다. 부모는 뭐라고 할까요? "그럴 돈은 어디서 나오는데?" 돈이 어디서 나오는지 모르는 아이는 결국 꿈을 포기해야겠다고 생각하게 됩니다. 그렇게 꿈을 내려놓는 거죠. 안타깝게도 우리는 아주 이른 나이부터 이런 사고방식을 습득합니다. 이처럼 환경이 행동 발달에 미치는 영향을 조건화라고 합니다. 하고 싶은 일이 있어도 돈을 어떻게 마련할지 모르면 그냥 포기하는 게 옳다고 생각하는 습관이 형성되는 거죠.

원하는 목표가 있어도 그 목표를 어떻게 달성할지 알 수 없으면 목표 자체를 포기하게 됩니다. 목표를 세우고 그것을 성취할 계획까지 세울 수 있을 때만 '이 일은 할 수 있다'고 하고, 그러지 못할 때는 물러나기만 합니다.

할 수 있는 일만 하는 것은 진정한 의미의 목표 설정이 아닙니다. 자신이 해낼 수 있는 게 확실한 안전한 목표를 추구하는 것에 불과해요. 자신이 할 수 있다고 여기는 목표만 추구할 때는 아무런 영감도 생기지 않습니다. **성공을 보장할 수 없어도 진정으로 원하는 것을 좇아야 합니다.**

할 수 있다고 확신하는 일을 목표로 삼는 것이 진정한 목표가 아니라는 이유가 궁금한가요? 애초에 목표를 세운 이유를 생각해보십시오. 자동차를 사고 집을 사고, 혹은 일자리를 얻는 게 목표인가요? 그건 진짜 목표가 아닙니다. **의식 수준을 높이는 것을 목표로 삼아야 합니다. 목표를 세우는 것은 잠재력을 끌어내고 자기다움을 회복하기 위해서입니다. 자기를 이해하고 나면 무슨 일을 하든 더 큰 즐거움을 누릴 수 있게 됩니다.**

할 수 있는 일만 목표로 삼는 것은 죽어가는 삶이나 마찬가지입니다. 열정을 끌어내지 못하죠. 다른 사람도 당신의 목표를 그리 열심히 지원하지 않을 겁니다. 그러다 보면 중간에 그만둘 가능성이 큽니다. 하지만 영감을 주고 열정을 끌어내는 목표를 세운다면 남들이 돕지 않아도 아무런 문제가 되지 않습니다. 짜릿함을 주는 목표라면 내면에서 열정이 타오르니까요. 그렇게 살아야 진정으로 사는 것입니다!

자신이 진심으로 원하는 것을 추구할 때는 그것을 성취할 방법을 몰라도 괜찮다는 것을 이제는 이해했을 것입니다.

저는 에베레스트를 최초로 등정한 탐험가 에드먼드 힐러리와 함께 일하는 행운을 누렸습니다. 힐러리는 에베레스트 정상에 오르는 방법을 몰랐습니다. 힐러리는 뉴질랜드에서 양봉업을 하던 사람입니다. 양봉업자가 세상에서 가장 높은 산을 오르는 일에 관해 무엇을 알까요? 심지어 그전까지 그 산을 등정한 사람은 아무도 없었습니다. 그러니 다른 사람에게 방법을 배울 수도 없었습니다. 책에서 방법을 알아낼 수도 없었죠. 에베레스트 등정을 꿈꾸는 사람 가운데 99퍼센트가 꿈을 접었습니다. 거기에는 그럴 만한 이유가 있었습니다. 그 산에 오르려 했던 많은 이가 주검이 되었기 때문입니다. 정상 부근에는 얼어붙은 주검이 흔하게 있다고 합니다. 등반 도중에 숨져 얼음에 묻힌 이들은 영원히 산에서 내려오지 못했습니다.

수많은 이가 힐러리에게 에베레스트 정상에 오르지 못할 거라고 말했다고 합니다. 1951년 힐러리는 팀을 꾸리고 셰르파를 고용해 정상을 향해 출발했습니다. 하지만 등정은 실패했습니다. 힐러리는 정상에 오르지 못하고 집으로 돌아가야 했죠. 친구와 친척들은 다들 한마디씩 거들었습니다. "거봐, 할 수 없을 거라고 했잖아."

힐러리는 이렇게 말했다고 합니다. "그래 실패했어. 하지만 다시 시도할 거야."

그러자 친구와 친척들은 힐러리에게 화를 냈습니다. "그러다가 죽어. 산 정상에서는 공기가 희박해서 숨도 못 쉰다고. 불가능한 일이야."

힐러리는 1952년에 다시 도전했습니다. 더 많은 자금과 물량을 확보했죠. 그리고 또 실패했습니다. 하지만 힐러리는 실패할수록 결의에 찼습니다.

힐러리는 1953년에 또다시 도전했습니다. 그리고 결국 성공했습니다! 기어이 에베레스트 정상에 오른거죠.

힐러리가 성공한 이래로 지금까지 에베레스트 등정에 성공한 사람은 수천 명이 넘습니다. 사람들은 "누군가 해냈다면 나도 할 수 있다"고 믿는 것 같아요.

하지만 힐러리는 누구도 해내지 못한 일을 해낼 수 있다고 믿었습니다. 라이트 형제는 어떻게 하늘을 날았을까요? 다른 사람들은 하늘을 날 수 없다고 확고하게 믿었습니다. 하지만 가능성을 보았던 두 형제는 인간이 하늘을 날 수 있음을 알았습니다.

만약 당신이 어떤 아이디어의 실현 가능성을 본다면 그 일을 해낼 수 있습니다. 어떤 방법으로 해낼지 지금은 대답할 수 없어도 그 일을 해낸 후에는 방법을 설명할 수 있을 겁니다. 꿈을 실현하는 데는 능력만 중요한 게 아닙니다. 믿음이 중요합니다. **아이디어를 마음에 품으면 그 아이디어와 같은 주파수와 연결되어 그 꿈을 실현하도록 끌어당길 것이라는 믿음이 중요합니다.**

우리가 생각의 법칙을 반드시 배워야 하는 이유입니다. 이 법칙이 우리 삶에 미치는 영향을 알아야 합니다. 꿈을 실현할 수 있다는 걸 알아야 해요. 돈을 어떻게 벌 수 있는지 알고 싶은가요? 생각의 법칙을 아는 사람은 돈을 잘 법니다. 이 법칙을 알면 돈을 끌어당길 수 있기 때문입니다.

힐러리는 정상에 오를 것이라고 믿었기에 에베레스트 정상을 밟았습니다! 힐러리는 마인드가 어떻게 작용하는지 알았습니다. 자신이 원하는 그림을 시각화하면 결국 그것을 얻게 됩니다. 힐러리는 자신이 죽는 모습을 생각하지 않았습니다. 얼음에 갇혀 산에서 영영 내려오지 못하는 모습을 상상하지 않았죠. 산 정상에 올라갔다가 안전하게 내려오는 모습만을 상상했습니다. 그리고 상상한 대로 이루어졌습니다!

Bob Proctor

꿈을 실현한 자신을 그려보십시오! 자신이 목표한 산 정상에 오른 모습을 생생하게 떠올릴 수 있어야 합니다. 때가 되면 필요한 것들이 당신에게 다가올 것입니다. 이 원리를 터득하려면 생각의 법칙을 공부해야 합니다. 생각의 법칙을 공부하는 일에는 넘침이 없습니다. 저는 55년 전부터 날마다 생각의 법칙을 공부했고 이제 비로소 충분하다는 생각이 듭니다. 하지만 이 공부를 하는 것이 즐겁기 때문에 할 수 있는 한 계속할 생각입니다.

목표를 세우고 그 목표를 달성하는 과정을 잠시 살펴봅시다. 당신이 어떤 소설에 푹 빠졌다고 합시다. 소설이 너무 재밌어서 이야기가 끝나지 않았으면 좋겠다는 생각이 들 정도입니다. 그래도 주인공이 어떻게 되는지 결과가 궁금한 만큼 결말을 보게 되지요. 어쨌든 소설은 끝이 납니다. 이번에는 어떤 사람과 저녁을 함께 먹으며 즐겁게 시간을 보낸다고 합시다. 이때도 당신은 즐거운 저녁 시간이 곧 끝이 난다는 사실을 압니다. 휴가를 즐겁게 보낼 때도 마찬가지입니다. 휴가는 끝나기 마련이죠. 아니면 당신이 저와 함께 이 세미나에서 보내는 시간에 열중한다고 생각해볼까요? 당신은 이 세미나가 정해진 시간에 끝나리라는 사실을 압니다. 모든 일에는 끝이 있습니다.

하지만 나를 들여다보며 내 잠재력이 어디까지인지 알아가는 공부에는 끝이 없습니다. 지난 55년간 저는 날마다 이런 생각을 했습니다. '아직도 알아낼 게 많아. 더 깊이 이해할 수 있을 거야.' 이 공부는 언제나 짜릿함을 선사했습니다. 매일 아침 눈을 뜰 때마다 내 안의 무한한 힘을 만난다는 기대로 의욕이 솟구칩니다.

자신의 잠재력이 어디까지인지 아는 사람은 아무도 없습니다. 과거에 무슨 일을 했는지가 잠재력에 대해 알려주지 않습니다. 제가 처음에 어떤 삶을 살았는지 보십시오. 저는 공부를 못했고 가난했으며 몸도 허약했습니다. 중학교를 졸업하고 고등학교 몇 개월 다닌 게 전부고 무일푼이었습니다. 사업 경험도 없었죠. 저는 낙오자 중의 낙오자였습니다!

하지만 보세요. 이 모든 것은 지난 일입니다. 내 앞에 놓인 일이 아니죠. 당신도 마찬가지입니다. 당신의 과거에 있었던 일이 나아갈 방향을 결정하지 못합니다. 당신이 꿈을 찾더라도 당장은 그 꿈을 이룰 방법까지 알 수는 없을 겁니다. 그 일을 하고 성공하기 전까지는 방법을 알 수 없습니다.

또 하나 알아둘 게 있습니다. 목표를 달성한 후에도 당신이 어떻게 성공했는지 모를 가능성이 크다는 점입니다. 그 목표를 이루는 과정에서 당신이 알아차리지도 못한 뜻밖의 행운과 우연이 너무나 많기 때문입니다.

목표를 세우고 그 목표를 향해 나아가는 과정을 그려보십시오. 결국에는 목표를 이룰 것임을 알지만 구체적인 방법은 모릅니다. 그 과정에서 한계를 시험하는 각종 어려움에 부딪히게 될 겁니다. 온종일 그 문제에 매달리지만 자기 힘으로는 해결하지 못할 상황이면 정말로 괴롭겠죠.

문제 해결의 단초는 예상치 못하게 다가옵니다. 예를 들면 이런 것입니다. 괴로운 시간을 보내던 어느 날 슈퍼마켓에서 물건을 사는 데 그날따라 계산대 줄이 깁니다. 안 그래도 짜증이 나는데 갑자기 누군가 쇼핑 카트에 부딪힙니다. "도대체 무슨 일이야?" 상황을 살피려고 고개를 돌리는데 선반에 놓인 신문의 기사 제목이 눈에 들어옵니다. 기사 내용이 무엇이었든 그 글귀가 뇌를 자극해 생각이 꼬리에 꼬리를 물고 일어나고 문제를 해결할 방도가 떠오르는 겁니다.

문제를 해결해 목표를 달성한 후 몇 달쯤 지나 돌이켜보면 이런 생각이 들 겁니다. '만약 그 사람이 쇼핑 카트에 부딪히지

않았다면 어떻게 됐을까?'

이렇듯 살면서 만나는 우연한 일이 우리의 생각을 자극합니다. 이런 사건을 만날 때 우리 마인드는 다른 주파수에 진입합니다. **우리가 직면한 문제의 해결책은 그 문제보다 훨씬 높은 주파수에 있습니다. 따라서 의식 수준을 계속 높여 나가야 합니다.**

마이클 백위스가 이런 말을 했습니다. "의식이란 내가 알아차리고 있음을 알아차리는 것이다." 참으로 인상 깊은 말이죠. 의식이란 자신이 무슨 생각을 하고 있는지에 대해 성찰할 수 있는 능력입니다.

우주의 법칙과 조화를 이루라

✳

토머스 에디슨은 이렇게 말했습니다.

> 세상은 무한한 지능이 지배한다. 우리 주변의 모든 것, 존재
> 하는 모든 것은 그 이면에서 작용하는 무한한 법칙의 존재
> 를 증명한다. 이 사실을 부정할 수는 없다. 수학적으로 정확
> 하다.

모든 일은 이 법칙에 따라 작동합니다. 저는 이 법칙을 '신이
일하는 방식'이라고 표현합니다.

로켓 과학자 베르너 폰 브라운 박사에 따르면 우주의 법칙

은 너무나 정교해서 우주선이 달에 착륙하는 시간을 초 단위까지 계산해서 우주선을 달에 보낼 수 있다고 합니다.

폰 브라운 박사가 말한 대로 과학자들은 이 법칙을 적용해 달에 갔습니다. 문제는 우리가 사람을 태운 우주선이 달에 가는 것은 보고 믿으면서도 정작 자신의 생활에는 그 법칙을 적용하지 못한다는 사실입니다. 사람들은 생각이 에너지이며 파동이라는 사실을 이해하지 못하는 것 같습니다. **생각은 강력한 파동으로 우주의 모든 시공간에 침투합니다. 우리가 하는 생각이 우리 몸의 진동을 제어하며, 우리가 끌어당기는 모든 것은 우리 몸의 진동 주파수에 따라 결정됩니다.** 그러므로 생각을 바꾸지 않는 한 똑같은 일이 되풀이됩니다.

만약 우리가 우주의 법칙과 조화를 이루면 그때부터 삶이 나아집니다. 소득이 늘어나고 기분이 더 좋아지고 더 많은 즐거움을 누리게 됩니다. 매일 어제보다 나은 자신을 발견할 거예요. 만약 자신의 삶이 그렇지 않다면 이 법칙을 위배하고 있는 것입니다.

Bob Proctor

저는 어릴 때 교회 주일학교에 다녔습니다. 주일학교를 빼먹으면 야단을 맞았죠. 꾀를 부려 주일학교를 빼먹을라치면 누나가 어머니에게 고자질을 해서 크게 혼이 났습니다. 그래서 꼼짝없이 주일학교에 가야 했습니다.

제가 교회 지하실에서 내성적이고 자그마한 주일학교 선생님과 함께 있는 동안 어른들은 위층에서 서로 이야기하고 노래를 불렀습니다. 저는 지하실에서 죄의 삯은 사망이라는 가르침을 들었습니다. 그건 너무 가혹한 것 같지만, 어른들이 그렇게 말하니 그게 세상의 이치인 줄 알았습니다. 이렇게 하면 죄를 짓는 것이고, 저렇게 해도 죄를 짓는 것이라고 하더군요. 저는 생각했습니다. '그럼 나는 죽는 건가?'

너무나 궁금했기에 교회에서 하지 말라는 일을 해보기로 했습니다. 그냥 시도만 한 게 아니라 즐기기까지 했죠! 저는 죄를 지었지만 죽지 않았습니다. 그래서 다시 죄를 지었습니다. 아무 일도 일어나지 않았고 오히려 기분이 좋아졌습니다. '봐. 난 멀쩡해!'

그때 저는 죄를 지으면 죽을 것이라는 말을 문자 그대로 받아들였습니다. 그 말이 무슨 뜻인지 잘못 판단했던 거죠. 그런데 제가 놓친 게 있었습니다. 죄의 삯은 사망인가요? 그렇다면 사망이란 무엇일까요?

사망은 생명의 반대입니다. 생명이 성장이라면 사망은 무無
성장입니다. 제가 사전편찬자라면 '무성장Ungrowth'이라는 말
을 사전에 실을 텐데요. 저와 28년간 일한 지나는 제가 이 단어
를 쓸 때마다 철자가 틀렸다고 지적합니다. 어쨌든 생명의 기
본 법칙은 생성과 소멸입니다. 여기서 소멸은 그저 사라지는
것을 의미하는 게 아닙니다. 생명이란 앞으로 나아가거나 뒤로
퇴보하거나 둘 중 하나입니다.

우주의 법칙을 거스르는 것은 큰 죄입니다. 이 법칙에 어긋
날 때 우리는 실패하고, 법칙을 따를 때 우리는 성공합니다. 이
해가 되나요?

"주라, 그리하면 받을 것이다"라는 법칙을 생각해봅시다. 다
른 사람과 악수할 때 우리는 상대에게 손을 내밀라고 요구하지
않습니다. 먼저 손을 내밀면 상대도 손을 내밉니다. 그게 세상
의 이치입니다. 내가 선행을 베풀면 상대도 선행을 베풉니다.

만약 상대방에게 받을 생각부터 한다면 일이 뜻대로 풀리지
않을 겁니다. 가령 어떤 보험 설계사가 고객에게 "당신을 진심
으로 돕고 싶어요"라고 말하면서도, 속으로는 보험 계약을 따
내 돈을 벌 생각뿐이라면 어떻게 될까요? 의식 차원에서 보험

설계사는 고객을 돕고 싶다는 생각을 내보냅니다. 지적인 측면에서는 긍정적인 생각입니다. 하지만 감정적 측면, 즉 잠재의식으로는 고객을 도우려는 게 아니라 돈을 원한다는 생각이 전달됩니다.

고객은 자신을 돕고 싶다는 말을 들었어도 사실은 반대로 보험 설계사가 자신의 도움을 받고 싶어 한다는 느낌을 받게 됩니다. 그러면 고객의 마음에서 갈등이 일어납니다. 의식 차원의 긍정적 생각과 잠재의식 차원의 부정적 생각이 충돌합니다. 고객은 부정적 느낌이 무엇 때문인지 명확하게 알아차리지 못하더라도 그 느낌에 영향을 받게 됩니다. 보험 설계사가 계약을 성사시키려면 고객이 결단을 내리고 계약서에 서명하도록 해야 합니다. 만약 보험 설계사가 법칙을 거스르지 않았다면 고객은 자연스럽게 계약서에 서명할 겁니다. 하지만 고객 내면에 갈등이 있는 이상 보험 설계사는 이 당연한 절차를 끌어내지 못합니다.

만약 고객을 정말로 돕고 싶은 마음에 "당신을 돕고 싶어요"라고 말한다면, 어떻게 거래를 성사시킬지 걱정하지 않아도 됩니다. 판매하는 상품의 효용을 제대로 설명하면 거래는 자연스럽게 이루어집니다. 상대방을 진심으로 돕고 싶은 마음이 전달

되기 때문입니다.

∽

월리스 워틀스는 『부자가 되는 과학적 방법The Science of Getting Rich』에서 중단 없는 성장의 법칙을 설명하는 데 한 장 전체를 할애했습니다. 이 법칙을 따르면 우리는 발전하고 성장하며 매일 더 좋은 성과를 낼 수 있습니다. 좋은 성과 하나를 달성하면 더 좋은 것을 실현하고 싶은 욕구가 생깁니다. 그리고 더 높은 목표를 향해 계속 나아갈 때 영광스러운 지위에 오르게 됩니다. 비전을 품고 그 실현을 바라볼 때 우리는 전진할 힘을 얻게 됩니다. 성장하는 삶이 진정한 삶이며, 신이 우리에게 예정한 삶이라는 사실을 깨닫게 됩니다. 우리 삶은 중단 없이 성장하는 삶이라야 합니다.

만약 우리가 오늘보다 나은 내일을 살지 못한다면 이는 법칙을 따르지 않았다는 뜻입니다. 그래서는 실패할 뿐입니다. 우리 생명이 시들어가거나 우리가 하는 일이 무너질 것입니다. 그게 법칙입니다. 생명은 유지할지 몰라도 매출이 감소하고 소득이 줄어들고 몸과 정신 모두 나빠질 것이며 에너지가 고갈될 것입니다.

이런 현상이 나타나면 경계해야 합니다. 도대체 내게 무슨 문제가 생겼는지 돌아봐야 해요. 법칙을 거스르고 있는 게 틀림없으니까요. 그럴 때는 사람들에게 도움을 주는 일을 해야 합니다. 원대한 이상을 마음에 그리고, 창조의 마음으로 그 일을 시작하십시오. 기뻐하는 삶을 경험하십시오.

어렸을 때 저를 주로 돌봐준 사람은 할머니였습니다. 할머니는 좋은 분이었지만 잘못된 생각을 가르치셨죠. "무엇을 얻든 그것에 만족해야 한다"라고 입버릇처럼 말씀하셨던 겁니다. 할머니께는 죄송하지만 그건 틀린 말입니다. 얻은 것에 기뻐할 수 있습니다. 하지만 절대로 만족해서는 안 됩니다.

사람은 만족하지 못할 때 창조의 마인드를 품게 됩니다. 만족하지 못할 때 계속 나아가고 싶어 합니다. 우주의 법칙은 어떤 가르침을 줄까요? 더 크고, 더 좋고, 더 빠른 것을 추구하라고 합니다. 달리기 선수는 더 빠르게 뛰고 싶어 합니다. 높이뛰기 선수는 더 높이 뛰고 싶어 합니다. 가수는 더 멋지게 노래하고 싶어 하죠. 돈을 버는 사람들은 더 많이 벌고 싶어 합니다. 우리는 더 많은 것을 하고 싶어 합니다. 뭔가를 더 소유하기 위해서일까요? 아닙니다, 성장하기 위해서입니다. **물질을 더 얻는 게 아니라 성장하는 게 목표입니다. 뭔가를 더 얻는 것은 어디까지나 목표를 달성했을 때 자연스레 따라오는 결과일 뿐입니다. 목표가 클수록 우리는 더 활기찬 삶을 살게 됩니다.**

우리는 영적 존재이며 육신에 거주합니다. 육신이란 인간의 영적 속성이 물리적으로 체현된 상태라고 할 수 있습니다.

영혼은 어디에 있을까요? 영혼은 편재합니다. 영혼은 모든 곳에 동시에 존재한다는 말입니다. 영혼은 여기 강단에도 있고 컴퓨터에도 있고 공기 중에도 있습니다.

설명을 들을수록 무슨 뜻인지 모르겠다고 생각할 수도 있어요. 정원에 놓인 바위에는 영혼이 없다고 반문하고 싶을지도 모르겠네요. 그러면 정원의 바위를 제외한 모든 곳에 영혼이 있다고 합시다! 나무에 영혼이 없다고 주장하고 싶은가요? 그러면 바위와 나무를 제외한 모든 곳에 영혼이 있다고 합시다! 제 자동차 타이어에는 영혼이 있을까요? 자동차 타이어라니, 절대 그럴 리가 없다고요? 그러면 바위, 나무, 자동차 타이어를 제외한 모든 곳에 영혼이 있다고 해야 할까요? 영혼이 편재한다는 말은 정말로 모든 곳에 영혼이 있다는 뜻입니다.

사람들은 사실을 혼동하고 있습니다. 우리가 해야 할 일은 문제를 직시하고 해결 방법을 찾는 일입니다. 하지만 사람들은 문제를 깊이 생각하지 않고 텔레비전으로 도피하곤 합니다. 다른 사람들의 세계에 빠져 길을 잃는 거죠. 이것이 현대인의 병폐입니다.

자동차 타이어를 구성하는 물질은 우리 몸을 구성하는 물질과 같습니다. 나무를 구성하는 물질도 우리 몸을 구성하는 물질과 같지요. 정원의 바위를 구성하는 물질 역시 우리 몸을 구성하는 물질과 다르지 않습니다.

정원의 바위를 비롯한 만물은 스스로 움직입니다. 거대한 움직임의 바다가 우리를 둘러싸고 있습니다. 가만히 정지해 있는 것은 하나도 없습니다. 지금 제 옆에 있는 벽도 마찬가지입니다. 정지한 듯 보이지만 실상은 그렇지 않습니다. 관 속에 누운 주검마저도 움직입니다. 주검이 움직이지 않는다면 어떻게 흙으로 변하겠습니까? 주검 일부를 채취해 현미경으로 들여다보면 움직임이 보일 것입니다. 마치 춤을 추듯 미생물이 활발하게 움직일 거예요. 그리고 결국에는 흙으로 변하겠죠. 흙으로 변하는 이유는 뭘까요? 움직이기 때문입니다. 만물은 움직입니다. 다시 한번 말하지만 가만히 정지해 있는 건 없습니다. 생명의 법칙에 따르면 어떤 것도 창조되거나 파괴되지 않아요. 죽음이란 것은 없습니다. 몸을 입었다가 몸을 벗는 것뿐입니다. 생명도 죽음도 위대한 여정의 과정으로, 형태가 바뀌는 것뿐입니다.

다른 생명체와 인간의 차이는 무엇일까요? 인간은 창의적입니다. 인간은 신의 형상을 따라 창조되었습니다. **인간은 자신이 바라는 방향으로 영혼을 움직일 수 있습니다.**

그런데 무슨 일이 벌어졌나요? 인간은 이 공식을 뒤집었습니다. 우리는 인간의 형상에 따라 신을 이해했습니다. 그러고는 어떻게 신이 모든 곳에 편재하는지 의아해합니다. 이런 인식은 잘못된 길로 이어지기 마련입니다. 어째서일까요? 무지하기 때문입니다. 인간은 신을 이해하지 못합니다. 모든 종교는 인간의 무지를 가르칩니다. 신과 인간을 바라보는 이 관점이 문제입니다.

당신과 나는 영혼입니다. 우리는 육신에 거주합니다. 그러나 다른 동물과 다르게 인간에게는 지적 능력이 있습니다. 이 지적 능력을 어떻게 이용하는지에 따라 감정 상태가 결정됩니다.

감정 상태란 우리가 느끼는 정서를 말합니다. 그것은 또한 우리가 만들어내는 진동입니다. 그러니까 우리가 만들어내는 진동은 우리의 정서와 같다는 겁니다. 느낌이나 감정은 우리가 만들어내는 진동을 인식하는 거죠. 가령, 당신이 기분이 나쁘다고 하는 것은 사실 '불쾌한 진동을 인식하고 있다'는 말과 같습니다. 다음과 같은 대화를 나눈 적이 있을 겁니다.

　　"무슨 일 있어요?"
　　"그냥 기분이 나빠요."
　　"왜요?"
　　"그 사람 태도 때문에요."

이렇게 되는 건 타인의 태도가 자신의 감정을 지배하도록 허용했기 때문입니다. 왜 다른 사람의 행동이 감정을 지배하도록 허용합니까? 앞의 대화를 나눈 사람은 아마 다음과 같이 말할 겁니다.

"당신은 내 사정을 모르니까 그런 편한 말을 하는 거죠. 내 재정 문제를 안다면 내가 왜 화내는지 이해할 거예요."

어째서 재정 문제로 화를 낼까요? 그게 무슨 의미가 있다고요? 이미 벌어진 일은 그냥 받아들이는 게 좋습니다. 다시 말하지만 상황을 제어하든, 아니면 상황에 끌려다니든 선택지는 둘 중 하나입니다.

여기서 알아둘 사실이 있습니다. 우리 주변에는 자기계발에 힘쓰는 사람이 많습니다. 수많은 자기계발서를 읽고 세미나에도 참석하지만 실제로 그 사람들의 삶에는 변화가 일어나지 않는 걸 봅니다.

변화가 일어나지 않는 현실에 어리둥절하고 답답해하는 사람들은 얼마나 많은가요? 솔직히 말해봅시다. 당신도 그런 경험을 하지 않았나요? 제가 이렇게 묻는 건, 이 사실을 인정하는 게 첫 단계이기 때문입니다.

나폴레온 힐은 『생각하라 그리고 부자가 되어라』에서 이렇게 말했습니다.

> 만약 근면과 정직만이 부를 이룩하는 길이라고 믿는다면 그 생각을 당장 버려야 한다! 그것은 사실이 아니다! 막대한 부는 성실하게 일한다고 해서 얻는 결과가 아니다! 부는 막연한 소망이 아니라 명확한 요구 아래 원칙을 충실하게 따를 때 발생한다. 우연이나 요행으로 얻는 결과가 아니다.

그렇다면 누구에게 부를 요구해야 할까요? 신에게 요구할 건가요? 아니면 다른 누군가에게?

앞에서 인용한 문장에 따르면 "부는 막연한 소망이 아니라 명확한 요구 아래 원칙을 충실하게 따를 때 발생한다. 우연이나 요행으로 얻는 결과가 아니다"라고 합니다. 명확하게 요구하고 구체적으로 목표를 정할 사람은 바로 자신입니다. **부자가 되려는 욕구를 갖고 자기 자신에게 명확하게 요구해야 합니다. 그리고 부의 원리에 따라 일해야 합니다.**

사람들은 부의 원리를 대수롭지 않게 여기며 무시하곤 하지만 우주에는 엄연히 보상의 법칙이 존재합니다.

저는 세미나를 열 때마다 사람들에게 미식축구 감독 돈 슐

라가 한 말이 적힌 카드를 나눠줍니다. 그 카드에는 이런 말이 적혀 있습니다. "사람들은 대부분 시작이라는 장애물을 넘지 못한다."

이건 어려운 우주과학이 아닙니다. 그저 자기 자신에게 솔직해지면 됩니다. 사람들은 대부분 자신에게 요구하지 않습니다. 하지만 당신은 구체적으로 자신에게 요구해야 합니다.

아울러 부의 원리를 실천해야 합니다. 보상의 법칙은 명확합니다. 우리가 벌어들이는 돈은 언제 어디서건 다음 세 가지 요인에 비례합니다. 우리가 하는 일의 중요성, 그 일을 해내는 능력, 대체 가능성.

제가 운영하는 프록터 갤러거 인스티튜트의 강연은 세계적으로 수요가 매우 높습니다. 지금 제 지갑에는 40달러가 있군요. 40달러뿐이지만 당신이 저를 비행기에 태워 세계 어디로 보내도 괜찮습니다. 장담컨대 저는 비행기에서 내리자마자 이 돈을 갑절로 불릴 수 있습니다. 제 강연이 세계 어느 곳에서건 수요가 있다는 사실을 알고 있기 때문입니다.

상하이를 방문했을 때 저를 초청한 기관은 진행 요원 20여 명을 보내 청중이 지나치게 접근하지 않도록 저와 일행을 경호했습니다. 청중은 그들이 원하는 것이 제게 있다는 사실을 알

왔지요. 그래서 제게 가까이 다가올수록 그것을 얻을 수 있으리라 생각한 게 아닐까 합니다. 하지만 그런 방식으로는 원하는 것을 얻을 수 없습니다. 사실 그 사람들은 모두 이미 원하는 것을 가지고 있었습니다.

사람들이 제 가르침을 얼마나 이해했는지는 그들이 거둔 결과에서 그대로 드러납니다. 성과가 없는 사람은 보상의 법칙을 거역하고 있기 때문입니다. 나름의 이유를 대겠지만 그건 진짜 이유가 아닙니다. 보상의 법칙을 이해하지 못하고 있는 게 문제입니다! 안타깝지만 대다수가 자신의 무지를 깨닫지 못하고 있습니다.

사람들이 알고 싶어 하는 중요한 사실을 가르쳐드리겠습니다. **우리가 버는 돈의 액수는 우리가 하는 일이 얼마나 중요한지와 수요에 비례합니다.**

저는 사업을 시작할 때 이 법칙을 몰랐습니다. 보상의 법칙 때문에 이 사업에 뛰어든 게 아니었으니까요. 그저 이 일이 너무 좋아서 시작했습니다. 저는 아직도 허기를 느낍니다. 얼 나이팅게일의 이야기를 처음 들은 그날부터 오늘까지 저는 간절히 바라고 또 바랍니다.

제가 벌 수 있는 금액에는 한계가 없습니다. 소득을 늘리는 유일한 방법은 이 법칙을 더 깊이 이해하는 것뿐입니다. 마케팅 비법이 중요한 게 아닙니다. 이 법칙을 얼마나 이해했는지가 중요할 뿐입니다. 이해가 부족하면 많은 돈을 벌기 힘듭니다.

솔로몬 왕도 "네가 얻은 모든 것을 가지고 명철을 얻을지니라"라고 했습니다. 명철을 얻을 길은 오직 하나뿐입니다. 공부하고 배워야 합니다. 다른 길은 없습니다.

배우는 방법에는 여러 형태가 있지만 바뀌지 않는 것은 시간이 걸린다는 것입니다. 반드시 시간을 내어 배워야 합니다! 지식은 편재하니까요. 모든 지식은 모든 곳에 존재했고 앞으로도 존재할 것입니다.

컴퓨터는 언제나 세상에 존재했습니다. 스티브 잡스나 빌 게이츠와 함께 세상에 나타난 것이 아닙니다. 우리가 존재를 알아차리지 못했던 것뿐입니다. 에디슨은 공기 중에 마법이 존재한다는 사실을 알았습니다. 그 마법을 실생활에 이용할 수 있다는 사실을 알아차린 거죠. 나이아가라 폭포는 멀고 먼 옛날부터 존재했습니다. 하지만 수력발전에 성공한 것은 폭포의 위치 에너지를 이용하는 방법을 알아낸 뒤였습니다.

법칙을 이해하면 상상 속에만 있던 것, 때로는 상상할 수도 없었던 것이 이루어집니다. 제 세미나에 거듭 찾아오는 사람들이 있습니다. 법칙을 이해하고 내 삶에 적용하려면 계속해서 배워야 하기 때문입니다. **삶에는 종착지가 없습니다.**

미켈란젤로는 87세에 이렇게 말했다고 합니다. "나는 아직 배운다." 우리는 배움을 계속해야 합니다.

우리 사회의 교육 시스템은 불완전합니다. 중요한 것을 놓치고 있지요. 제가 이렇게 말하는 이유는 전체 소득의 97퍼센트를 인구의 3퍼센트가 독점하고 있기 때문입니다. 이건 뭔가 단단히 잘못됐다는 증거입니다! 상황이 이러니 사람들이 저를 찾아올 수밖에 없죠.

제 교육철학은 확고합니다. 영적 지식을 배제한 교육은 불완전하다는 것입니다. 영적 지식을 배우지 못한다면 번영을 기대할 수 없습니다.

종교를 가르치려는 게 아닙니다. 제겐 종교를 가르칠 자격이 없어요. 하지만 우리 삶의 영적 측면에 관해서는 중요한 사실을 알고 있습니다. 우리의 본질은 영혼에 있다는 것입니다. **영혼은 언제나 성장하기를 바랍니다. 소멸하기를 원하는 영혼은 없습니다. 생명체는 언제나 성장합니다. 당신 안에 있는 자아는 언제나 성장하기를 바라고 있습니다.**

인간은 무엇을 하든 더 잘하고 싶어 합니다. 달리기 선수라면 더 빠르게 달리고 싶어 할 거예요. 가수라면 노래를 더 잘 부르고 싶어 하겠죠. 영업사원이라면 더 많이 판매하고 싶어합니다. 성장하고 확장하려는 것은 우리 본능입니다.

보상의 법칙 중 두 번째에 따르면 우리 소득은 업무 수행 능력과 정비례합니다.

저는 지금 하는 일에 능숙하지만, 더 발전할 수 있으며 더 나은 결과를 얻을 수 있다는 걸 압니다. 그리고 제가 이 일을 잘하기에 대체 가능성이 낮은 편입니다. 이는 보상의 법칙 중에서 세 번째에 해당합니다.

여기서 색슨 화이트 케신저Saxon White Kessinger가 쓴 「대체 불가능한 사람The Indispensable Man」이라는 시를 소개하고 싶습니다.

양동이를 가져와 물을 채우고

손목이 잠기도록 손을 넣어봐.

그러고 나서 손을 빼면 공백이 생기겠지.

널 그리워하는 만큼일 거야.

세차게 물을 튀겨도 되고

물을 마구 휘저어도 돼.

그러다 손을 빼고 나면 알 거야.

달라진 게 하나도 없다는 것을.

이 시를 인용한 것은, 앞에서 저는 대체 가능성이 낮다고 했지만, 그런 저 역시 대체 불가능하지는 않다는 것을 강조하기 위해서입니다. 세상에 대체하지 못할 사람은 없습니다. 누구도 나를 대체하지 못하리라고 생각해서 오만해지면 곧 큰코다칠 일이 생깁니다. 잘못된 길에 들어섰기 때문이죠.

다음은 꼭 기억해야 할 기본 원리입니다. 힘이 어디에서 나오는지에 관한 겁니다. **힘은 우리 자아를 규정하는 영적 본질에**

서 나옵니다. 힘의 근원이 어디인지 알고 더 깊이 공부함으로써 자신을 더 나은 도구로 쓸 수 있다면 에너지가 자유롭게 흘러나와 성과가 향상됩니다. 자신이 하는 일에 더 능숙해지는 법을 배워야 합니다.

나폴레온 힐의 말을 들어봅시다. "기회를 찾아 멀리 돌아다니지 말고 지금 있는 곳에서 기회를 붙잡아라."

해야 할 일은 명확합니다. 일단 당신이 하는 일이 시장에서 수요가 많고 또 당신이 유능해서 대체할 사람이 별로 없다면 수행 능력을 향상하는 것이 성공 비결입니다. 그러니까 보상의 법칙에서 당신이 집중할 사안은 두 번째, 즉 수행 능력입니다. 수행 능력을 계속 향상시켜야 합니다. 자신의 역량을 개선하는 일에는 마침표가 없습니다.

인간의 능력에는 한계가 없습니다. 저는 이 사실을 매일 목격합니다. 가장 극명하고 대표적인 사례가 바로 스포츠입니다. 보세요. 인간은 신기록을 경신하고 또 경신하지 않습니까?

오랫동안 사람은 '1마일(약 1600미터) 4분대 벽'을 깨지 못한다는 믿음이 있었습니다. 야생 동물에게 쫓기는 상황을 연출해도 4분의 벽을 넘지 못했죠. 영국의 달리기 선수 로저 배니스터는 주행 거리를 작은 단위로 나누어 훈련하면서 한계에 도전했습니다. 그리고 마침내 인류 최초로 4분대 벽을 돌파했습니다. 그런데 한 달 만에 다른 사람이 그 기록을 경신했어요. 오늘날에는 마라톤 대회 참가자들만 봐도 알겠지만 1마일을 4분대에 돌파하는 선수가 많습니다. 몇십 년 전만 해도 인간이 이런 속도로 달린다는 것은 상상도 하지 못한 일이었습니다.

진동의 법칙

우주의 풍요가 내 것이 된다

✳

우주는 풍요롭습니다. 하고자 한다면 누구의 것도 빼앗지 않고 풍요로움을 가져올 수 있습니다. 세계에서 가장 오래된 경전인 『우파니샤드』에는 이런 말이 있습니다. "풍요신에게서 풍요로움을 한껏 빼내 오더라도 풍요신은 넉넉하다."

어떻게 그런 게 가능하냐며 반문하는 사람이 있을 텐데요. 그렇다면 숨을 한껏 들이마셔봅시다. 대기에 있는 공기를 맘껏 마시고, 숨을 멈춰보세요. 그 상태로 종일 지낼 수 있겠나요? 누구도 공기를 한 번만 들이마시고 하루를 보낼 생각은 하지 않을 겁니다. 그럴 필요가 없기 때문이지요.

우주는 풍요로우며, 그 풍요에는 한계가 없다는 걸 명심하세요. 그건 그저 오래된 경전의 말일 뿐이지, 현실은 다르다고 말하고 싶은가요? 그렇지 않습니다. 같은 이치입니다. 만물은 동일한 법칙에 따라 작동합니다. 우리가 살면서 거두는 모든 성공은 내면의 법칙에 따를 때 일어나는 결과입니다. 법칙에 순응한다는 것은 법칙을 동업자 삼아, 그 조언을 삶에 적용하는 것입니다.

그러면 먼저, 목표를 달성하는 과정을 짚고 넘어갑시다. 가장 먼저 해야 할 것은 목적지에 도착한 자신의 모습을 상상하는 것입니다. 이때 중요한 것은 이미 목표를 이룬 사람처럼 행동해야 한다는 것입니다.

목표를 상상하는 것은 지적 능력을 활용하는 일이고, 지적인 차원에서 사람 간 공유가 이루어집니다. 가령 제가 어떤 아이디어를 떠올리고 그것을 알아차리면 당신과 아이디어를 공유할 수 있습니다. 제가 가진 것을 당신에게 줄 수 있다는 말입니다. 이미 내 안에 있는 것은 내가 소유한 것이고, 저는 그걸 당신에게 설명할 수 있습니다.

제가 지닌 아이디어를 공유하면 당신은 그 개념을 이해할 수 있습니다. 반드시 물리적 형태로 아이디어를 공유해야 하는 게 아닙니다. 의식적 차원에서도 생각의 공유가 일어납니다. 제가 어떤 아이디어에 감정을 이입하면 정서적 차원에서 당신과 공유가 이루어집니다.

로마의 시인 호라티우스는 이런 말을 했습니다. "네모 닷 쿼드 논 하벳Nemo dat quod non habet." 번역하자면 "갖지 않은 것은 누구에게도 줄 수 없다"는 뜻입니다. 이 말을 뒤집으면 갖고 있는 것은 다른 사람에게 줄 수 있다는 뜻이 됩니다. 만약 제가 지적 차원에서 어떤 아이디어가 있으면 그것을 당신과 공유할 수 있습니다. 만약 정서적 차원에서 갖고 있는 게 있다면 그것을 정서적으로 공유할 수 있는 거죠. 다만 물리적 형태로 그것을 즐기거나 물리적 형태로 공유하지 못할 뿐입니다.

문제는 사람들이 물리적 감각에 의지해 살아간다는 데 있습니다. 물리적으로 존재하지 않으면 "그런 것은 없다"고 쉽게 말합니다. 하지만 그건 틀린 말입니다. 저는 제가 느끼는 것을 당신과 공유할 수 있고, 그것을 두고 당신과 이야기할 수 있습니다.

물리적인 형체가 없다고 해도 세상은 에너지로 가득합니다. 전기를 생각해봅시다. 전선에 전구가 연결되어 있다면 전류가 흐르며 전구에 불이 들어올 겁니다. 60와트 전구보다 75와트 전구가 전력이 크고, 75와트 전구보다 100와트 전구가 전력이 크죠. 마찬가지로 **원대한 생각을 품을수록 더 강력한 에너지를 뿜어낼 수 있습니다.** 그리고 그건 겉으로도 드러납니다.

길을 걸어가는 사람을 관찰해보세요. 활력도 에너지도 없어 보인다면 그 사람에게 원대한 생각이 없기 때문입니다. 지켜보는 것만으로도 그 사람의 마음에서 어떤 일이 벌어지는지 알 수 있습니다. 마음에서 일어나는 일은 몸으로 표현됩니다. 어떤 이가 무기력하고 축 늘어져 있다면 삶이 따분한 사람임을 알 수 있습니다. 그런 사람은 부정적인 생각밖에 없거나 아무 생각이 없는 사람입니다.

생각 없이 지내는 사람은 꼭두각시처럼 주변에서 벌어지는 일에 휘말리게 됩니다. 바다 위에 떠다니는 부유물이나 마찬가지죠. 이와 반대로 스스로 생각하는 사람은 자신이 어디로 가는지 정확히 알고 잇습니다. 이런 사람은 의지, 관점, 상상, 직감, 기억, 판단 같은 고등한 능력을 사용합니다.

영혼은 어디에 있습니까? 모든 곳에 편재합니다. 유선 노트를 떠올려봅시다. 위에서부터 아래까지 선이 그어져 있겠죠? 이 선들이 진동 즉, 주파수를 나타낸다고 합시다. 만물은 서로 다른 주파수로 진동하고, 진동의 법칙에 따라 작동합니다. 만물의 근본인 영혼이 그 가장 윗줄에 있고, 가장 낮은 줄에는 육신이 있습니다. 그리고 그 중간에 지능이 있습니다. 인간을 다른 생명체와 구분해주는 것이 바로 이 지능입니다. 인간은 지능을 활용해 고등한 의식 차원으로 나아가고, 아래로는 물질세계에 변화를 일으킵니다.

진동의 법칙을 이해하면 만물이 연결되어 있다는 걸 깨달을 수 있습니다. 각 색의 경계가 뚜렷하지 않은 무지개처럼 각 주파수는 위아래 주파수와 맞물려 있습니다. 우리는 그렇게 우주 만물과 연결되어 있어요. 인간은 정신을 활용해 고등한 차원, 즉 영혼의 세계를 확장할 수 있습니다. 다시 한번 강조하지만, 우주 만물의 주파수는 서로 연결되어 있습니다. **비물질적 차원에서 달성하고 싶은 것에 의식을 집중해 자신이 바라는 모습을 생생히 그려본다면, 그것은 결국 실현될 것입니다. 그것이 바로 당**

신이 원하는 목표를 달성하는 방법입니다.

대부분의 사람은 비물질적 측면에 관심이 없습니다. 대신 가장 낮은 차원에 관심을 기울입니다. 은행 계좌를 들여다보고 잔액을 확인하지요. 컴퓨터 앞에서 숫자를 보며 실적을 따집니다. 도대체 왜 그렇게 행동하는 걸까요? 다른 사람들이 그렇게 하기 때문입니다. 그렇게 하도록 배웠기 때문이고요. 저는 그 사람들이 전부 잘못되었다고 생각합니다. '전부 틀렸을 리가 없어'라는 생각이 드나요? 많은 이가 그렇게 한다고 해서 틀린 게 옳게 되지는 않습니다. 수많은 이가 아주 오래전부터 잘못해온 겁니다.

다수가 향하는 길이 있고, 소수가 향하는 길이 있다면 소수를 따라가야 합니다. 그러면 실수를 피할 수 있습니다. 다수를 따라가다가는 언젠가 크나큰 곤경에 처할 가능성이 큽니다. 이유가 뭘까요? 대다수 사람은 자신이 어디로 가는지조차 모르기 때문입니다. 그 사람들은 스스로 생각하지 않기에 오늘 하루가 어땠는지 알려면 뉴스라도 봐야 합니다. 이런 사람들은 매사에 부정적이어서 창밖을 내다보며 이렇게 중얼거립니다. "오늘은 차가 지독하게 막히겠네." 어째서 다른 관점에서 생각하지 않는 걸까요? "오늘은 차를 천천히 몰아도 되겠군. 느긋하게 가면 돼. 생각할 시간도 생기고 좋아. 드라이브를 즐기자고"라고 할 수도 있는데 말이죠. 이런 말이 철딱서니 없고 한심하게 보이나요? 그러면 많은 사람이 하는 것처럼 짜증을 내세요. 그런데 자동차를 몰면서 화를 낸다고 상황이 나아집니까? 정체를 피하려고 속도를 내보지만, 차들이 꼬리를 물고 늘어설 뿐이죠. 화를 폭발하다가 앞차를 들이받을지도 모르고요.

당신은 이런 질문을 할지도 모르겠네요. "잠깐만요. 생각만 바꾸면 되는 단순한 일이라면 왜 모든 사람이 그렇게 실천하지 않는 거죠?" 좋은 질문입니다. 이 문제를 살펴봅시다.

큰 결과를 얻으려면 큰 야망이 필요하다.

큰 뜻을 품어라.

———•••———

앨프리드 테니슨

Bob Proctor

Day 4

❋

생각한 대로
이루어진다

비가 내릴 때까지 춤을 춘다

✤

사람들은 자기 안에 빛나는 잠재력이 있는데도 드러내려 하지 않습니다. 그 이유가 뭘까요? 다른 사람이 어떻게 생각할지 두려워하기 때문입니다.

우리는 어려서부터 두려움을 배웁니다. 이런 말을 들어봤을 거예요. "네가 그러면 동네 사람들이 뭐라고 생각하겠니?" 동네 사람들이 뭐라고 생각하든 그게 무슨 상관인가요! 그 사람들은 대부분 아무 생각이 없습니다. 동네 사람들이 어떻게 생각할지 염려할 것 없습니다.

우리는 전지하며 불멸하는 영적 존재입니다. 인간은 영적 존재가 물질적으로 표현된 결과물입니다. 랠프 왈도 에머슨은 이런 말을 남겼습니다. "당신이 어떤 존재인지 깨닫는다면 태양도 별도 행성도 당신을 감당하지 못하리라." 이 말을 마음에 새겨야 합니다.

우리 몸은 우리가 잠재의식에 주입하는 생각에 따라 주파수를 생성합니다. 그리고 그 주파수에 따라 우리가 원하는 것을 삶에 끌어당깁니다. 원대한 꿈을 품고 살아간다면 어떤 일이 일어날까요? 엄청난 사업을 성공적으로 운영하고 모든 상황이 순조롭게 풀리는 모습을 상상한다면, 그 생각을 실현하는 데 도움이 되는 사람들을 삶에 끌어당기게 됩니다.

반대로 다른 사람을 험담하고 불평한다거나 자기 상황이 얼마나 나쁜지 넋두리나 늘어놓는다면 어떻게 될까요? 그 사업을 도와줄 유능한 인재들이 당신을 멀리할 것이고, 결국 더 많은 문제만 끌어당길 것입니다.

부정적인 생각을 그만두고 긍정적인 생각을 해야 합니다. 그리고 내가 원하는 것에 집중해야 합니다. 이미 목표를 이룬 자신의 모습을 상상하며 주파수를 바꿔야 합니다.

아프리카에 사는 어느 부족의 이야기를 들려드리겠습니다. 이 부족은 춤을 추며 기우제를 올립니다. 아프리카에 비를 기원하며 춤을 추는 부족은 한둘이 아니죠. 하지만 이 부족은 다룹니다. 이들이 기우제춤을 출 때마다 정말 비가 내립니다!

기우제를 지낸다고 비가 오는 일은 말이 되지 않기 때문에 인류학자들은 이 부족을 연구하러 아프리카로 떠났습니다. 그리고 그 결과 연구진은 이 부족이 춤을 출 때마다 비가 내린 이유를 알아냈습니다.

그 비결은 무엇일까요? 이 부족은 말 그대로 비가 내릴 때까지 춤을 췄습니다!

저는 밖에 나갈 때마다 실적을 올립니다. 어떻게 그런 일이 가능할까요? 계약이 성사될 때까지 돌아가지 않기 때문입니다!

유리잔을 하나 가져와서 물을 따라봅시다. 이 물은 무엇으로 만들어졌을까요? 물은 에너지입니다. 유리잔은 무엇으로 만들어졌을까요? 이것도 에너지입니다. 유리잔은 유리로 만들고 유리는 모래로 만듭니다. 모래라고 부르는 에너지의 주파수를 변경해서 모래를 유리로 바꾼 것입니다.

그렇다고 지금 들고 있는 유리잔이 물이 가득한 모래인가요? 아닙니다. 이것은 이제 모래가 아니라 유리잔, 물이 가득한 유리잔입니다. 정확히는 물이 가득한 에너지인데, 우리는 이 에너지를 모래가 아닌 유리잔이라 부르는 거죠. 물은 어떻게 변하나요? 열을 가하면 물은 증기로 변하고, 증기는 공기로 흩어집니다.

물이 증기로 변하는 시점을 명확히 알려주는 경계선은 없는 것처럼, 에너지가 기존의 형태에서 다른 형태로 변하는 순간을 분명히 구분할 만한 경계선은 없습니다. 에너지는 모두 하나로 연결되어 있지요. 우리는 이 점을 이해해야 합니다.

이 예시들을 든 것은 만물은 주파수라는 사실을 설명하기 위해서였습니다. 형태가 다른 것은 주파수가 다르기 때문입니다. 물의 주파수가 달라지면 우리는 그걸 증기라고 부릅니다. 증기는 어디서 생기나요? 물의 변화 과정을 되짚어보면 이 에너지는 에테르에서 시작해 증기가 되고 이어서 물이 됩니다. 높은 주파수와 낮은 주파수는 서로 연결되어 있습니다.

대체 무슨 말을 하려고 이런 이야기를 꺼내는지 궁금할 겁

　　Bob Proctor

니다. 저는 우리의 '생각'에 관해 이야기하려고 합니다.

모든 개개인에게는 영혼이 있습니다. 또한 우리는 지능과 육체를 갖고 있죠. 갖고 있는데 그동안 활용하지 않았던 지적 능력이 있다면 지금부터라도 활용해야 합니다. 당신이 가진 지적 능력은 무엇인가요? 많은 것이 있겠지만, 먼저 그 가운데 판단을 이야기하고 싶습니다. 판단은 생각할 힘을 제공합니다. 내면의 판단을 활용해 높은 차원으로 의식을 끌어올려야 합니다.

생각은 어디에 존재할까요? 생각은 모든 곳에 편재합니다. 영혼은 어디에 존재할까요? 영혼 역시 모든 곳에 편재합니다. 우리 안에 잠재된 영적 에너지를 활용하고, 여러 생각을 종합해 아이디어를 창조해야 합니다.

지금 우리가 있는 이 건물도 처음에는 아이디어에 불과했습니다. **아이디어를 오랜 시간 마음에 담아두고, 구현하려고 애쓰면 아이디어가 마침내 형태를 띠게 됩니다.** 앤드루 카네기도 이렇게 말했습니다. "머릿속에 떠오른 어떤 아이디어든 마음에 품고 소중하게 여기면 그때부터 아이디어가 스스로 움직여 적합한 형태로 실현될 것이다."

아이디어를 붙들고 놓치지 않을 때 그 아이디어는 형태를 갖추기 시작합니다. 우리가 할 일은 우주의 법칙을 따르는 것뿐입니

다. 그렇게만 한다면 우주의 무한한 에너지를 활용하게 됩니다. 우주 만물에 편재하는 영혼이 우리의 조력자입니다.

마음만 먹으면 무슨 일이든 해낼 수 있습니다. 내가 동경하는 롤 모델처럼 될 수 있고, 원하는 것은 뭐든 가질 수 있습니다. 과거는 중요하지 않습니다. 심각한 충격이나 좌절을 경험한 적이 있나요? 상관없습니다. 그런 경험은 흘려보내면 됩니다. 그리고 잠재의식 차원에서 긍정적 주파수에 자신을 공명시키면 됩니다. 마음에 긍정적인 생각을 각인하는 거죠. 다음 문장을 되새겨보세요. "우주의 힘이 나를 감싸고 있다! 그 힘이 내게 흘러 들어오고 나를 거쳐 흘러나간다!"

우리에게 생각할 능력이 있다는 건 얼마나 멋진 일인지 모릅니다. 생각하면 이룰 수 있습니다. '**나는 부자가 될 운명으로 태어났다**'고 생각하십시오. 그러면 정말 부자가 될 운명이 찾아올 겁니다. '나는 부자가 되었다'고 생각하십시오. 그러면 부자가 될 겁니다. '나는 행복하다'고 생각하십시오. 정말로 행복해질 겁니다. 행복해지는 더 구체적인 방법이 필요한가요? 간단합니다. 다른 사람을 행복하게 만들 방법을 찾으세요. 어떻게 사랑을 받냐고요? 다른 이들을 사랑하세요. 이것이 제가 터득한 우주의 법칙입니다!

예전에 한 세미나에서 참석자가 "어떻게 해야 완벽한 아이디어를 떠올릴 수 있나요?"라고 질문했습니다. 제 대답은 간단했습니다. "'완벽한 아이디어'란 당신이 사랑에 빠지는 아이디어를 말합니다." 핵심은 사랑입니다. 가령, 당신이 누군가와 사랑에 빠졌다면, 그 사람은 당신에게 완벽한 짝일 것입니다. 하지만 다른 누군가는 당신의 짝을 형편없는 사람이라고 평가할지도 모르죠. 관점의 차이기 때문입니다. 마찬가지로 완벽한 아이디어란 누군가는 형편없는 생각이라고 비웃을지 몰라도 당신이 감정을 이입하고 열정을 바칠 수 있는 아이디어입니다.

사랑이 뭐라고 생각하나요? **사랑은 공명하는 것입니다. 우리 의식과 잠재의식, 신체가 모두 하나의 아이디어로 공명할 때 사랑한다고 말할 수 있게 됩니다. 이것이 바로 완전한 상태입니다.** 생각, 감정, 행동이 하나로 일치하는 것이죠. 그렇다면 자문해봅시다. "내가 정말로 하고 싶은 일은 무엇인가?"

모든 것이 원하는 대로

✳

기도란 무엇일까요? 무릎을 꿇고 "신이시여, 도와주소서"라고 간청하는 것이 기도일까요? 그건 기도가 아닙니다. 무릎을 꿇고 만들어내는 소음에 가깝죠. 기도는 영혼과 형체를 이어주는 행위입니다. **우리는 비물질적 에너지를 활용해 물질적인 것을 창조할 수 있습니다.**

이 에너지가 어디서 나오는지 궁금하지 않습니까? 에너지 공급원은 바로 무한한 우주입니다. 저는 이 공급원을 신이라고 부릅니다. 무엇이라고 부르건 이름은 상관없습니다. 이 무한한 우주와 하나가 될 때까지 의식 수준을 높이면 우주가 제공하는 힘을 사용할 수 있다는 게 중요합니다.

종교에 따라 신을 부르는 이름은 각기 다르고 교리도 다릅니다. 하지만 오랜 종교들에는 공통점이 있습니다. 바로 언젠가는 신과 하나가 되리라는 약속을 내걸고, 신자들이 거기에 감정을 이입한다는 것입니다. 신이 주신 법칙에 따라 행동하면 집채만 한 파도를 가르고 산을 움직이며 원하는 일은 무엇이든 이룰 수 있습니다. 레이먼드 홀리웰은 『번영의 법칙을 따르는 법』에서 이렇게 말했습니다.

> 자연의 법칙은 언제나 성공뿐이다. 자연은 실패를 모른다. 자연은 실패를 계획하지 않는다. 온갖 형태와 온갖 방법으로 성공을 만들어낸다. 가장 완벽하고 좋은 조건으로 성공하려면 자연을 모델로 삼고 자연에 있는 방법을 모방해야 한다. 자연의 원리와 법칙에서 성공 비결을 찾아야 한다.

눈에 보이는 것과 보이지 않는 것을 비롯해 이 우주에 있는 모든 것이 영혼의 표현이라는 사실을 기억해야 합니다. 영혼이 우주의 법칙에 따라 움직인다는 사실도 유의하세요. 우주의 만물과 마찬가지로 인간도 우주의 법칙을 따라야 하는 존재입니다. 그러므로 홀리웰의 말처럼 우리는 자연을 모방해야 합니다.

우주는 질서정연해서 우연히 일어나는 일은 없습니다. 우리가 **마음에 이미지를 심으면 끌어당기는 힘이 발생하고, 이 힘이 우리 인생의 성취를 결정합니다.** 끌어당김의 법칙은 긍정적 이미지만이 아니라 부정적 이미지에도 똑같이 작용한다는 사실을 기억해야 합니다.

우리가 꿈꾸고 원하는 모든 것은 이 우주 안에 이미 존재합니다. 그 대상과 조화를 이루는 것이 관건이지요. **내 삶에 있는 모든 것은 내가 끌어당긴 것입니다.** 그러므로 현재 자신이 처한 상황이나 여건이 어떠하든지 자신이 원하는 것에 의식을 집중하는 습관을 길러야 합니다.

시각화와 마인드의 원리

✳

만약 제가 세미나실에 있는 사람들에게 방 안의 가구 배치를 바꾸게 도와달라고 하면서 다른 사람과 절대 대화를 나누지 말라고 하면 무슨 일이 일어날까요?

가구를 옮겨야 하는데 다들 어찌해야 할지 몰라 당황할 겁니다. 결국은 누군가 참지 못하고 옆에 있는 사람에게 이렇게 묻겠죠. "대체 뭘 어떻게 하라는 거죠?"

그런데 그 사람도 모르기는 매한가지입니다. "모르겠어요. 밥 선생님에게 물어보죠." 이제 다들 이런저런 말을 할 겁니다. "그냥 선생님한테 물어봅시다!" "선생님이 말하면 안 된다고 했잖아요."

그렇게 일대 혼란이 일어날 겁니다. 이유가 뭘까요? 가구를 어떻게 배치해야 하는지 아무도 머릿속에 큰 그림을 갖고 있지 않기 때문입니다. 그림이 있으면 처음에는 혼란스러워도 곧 질서를 찾게 됩니다. 혼란을 빚기 이전보다 더 질서 정연하게 가구를 배치할 수도 있지요.

이제 제가 나서서 사람들에게 어떻게 가구를 배치하면 되는지 설명합니다. "이제부터는 이쪽을 세미나실의 정면으로 삼을 겁니다. 이쪽을 보도록 가구를 배치하세요." 단 몇 초 만에 실내는 질서를 되찾을 겁니다. 이런 차이는 어디서 올까요? **모든 사람이 머릿속에 똑같은 그림을 갖고 일했기 때문입니다.**

처음에 사람들에게 일을 시켰을 때 머릿속에 정확한 그림을 떠올린 사람이 아무도 없다는 사실을 기억하나요? 사람들은 무엇을 어떻게 하려는지 전혀 감을 잡지 못했습니다. 어느 쪽으로 가야 하는지, 누구와 소통해야 하는지도 몰랐습니다. 그럴 때 사람들은 문제가 해결될 때까지 텔레비전 예능 프로그램이나 보며 문제를 잊으려고 합니다. 이미지는 이렇게나 중요합니다.

인간은 이미지로 생각합니다. 만약 집이나 자동차 혹은 집에 있는 가구를 떠올려보라고 하면 어렵지 않게 선명한 이미지를 떠올릴 겁니다.

> 밥: 당신의 차는 무슨 색인가요?
>
> 짐: 회색이에요.
>
> 밥: 냉장고는 무슨 색이죠?
>
> 짐: 은색이요.

문제는 다른 사물과 달리 마인드는 이미지로 그리기 힘들다는 것입니다. 마인드를 본 사람은 아무도 없습니다. 구체적이고 물리적인 모양새가 없기 때문에 마인드에 관해 공부하는 사람도 어려움에 빠지곤 합니다. 그래서 마인드에 관해 물어보면 대개 이렇게 대답합니다.

> 밥: 당신의 마인드는 무슨 색인가요?
>
> 짐: 여러 가지 색일 거예요.
>
> 밥: 당신의 마인드는 크기가 어떤가요? 큰가요, 아니면 작은가요?
>
> 짐: 클 때도 있고 작을 때도 있어요.

밥: 당신의 마인드는 큰가요?

캐런: 예, 큽니다.

밥: 그렇군요. 색은 어떤가요?

캐런: 온갖 색이 다 있죠.

밥: 마인드가 크다고 했는데 얼마나 큰가요?

캐런: 그냥 커요.

마인드라고 했을 때 떠올릴 이미지가 없기 때문에 마인드의 작동 원리를 이해하기가 쉽지 않습니다. 마인드를 배우기도, 가르치기도 쉽지 않았습니다. 다행히 1934년 서먼 플리트 박사가 이 문제를 해결하기 위해 마인드를 그림으로 표현했습니다. "우리는 마인드를 본 적이 없습니다. 그러니 이 그림으로 마인드를 나타내보겠습니다."

기본적인 틀은 다음 페이지의 왼쪽 그림과 같습니다. 어떻게 보면 어린 아이가 그린 단순한 그림 같지만, 이것은 제가 지금껏 본 중에 가장 가치 있는 그림입니다. 오른쪽 그림은 마인드를 더 자세히 들여다본 것입니다.

사람은 신체와 마인드를 갖고 있고, 마인드는 의식과 잠재의식으로 나뉩니다.

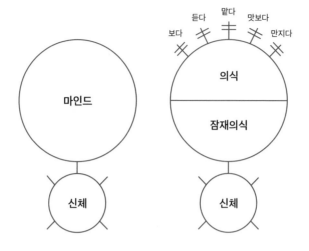

사람에게는 감각 기능이 있기에 보고, 듣고, 맡고, 맛보고, 만질 수 있습니다. 사람은 이 오감을 이용해 살아가도록 배워왔습니다. 어릴 때부터 이런 말들을 들었을 겁니다. "내 말 좀 들어." "이것 좀 봐." "맛이 이상하지 않니?" 아이들은 작은 안테나처럼 외부에서 일어나는 온갖 것에 정신을 뺏깁니다. 그 결과 우리는 은행 계좌 잔액, 다른 사람들이 하는 말과 생각, 다른 사람들이 자신을 보는 시각이나 평판에 지배당하게 됩니다. 그런데 우리가 의존하는 감각은 전부 외부에서 들어오는 정보입니다.

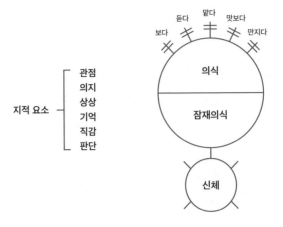

이 감각 요소 때문에 곤경에 처할 때가 많다는 사실을 알아야 합니다. 감각 정보는 외부 세계와 소통하고 상호작용하는 데 도움이 됩니다. 하지만 감각 정보에 지배당하면 안 됩니다. 주위에서 일어나는 일에 휘둘리지 마세요.

그러려면 다음 개념을 이해해야 합니다. 의식이란 우리가 지능이라고 부르는 것입니다. 지적 요소들을 살펴볼까요?

사람은 자신의 방식으로 세상을 바라봅니다. 관점은 지적 요소입니다. 사람들은 지구가 둥글다는 사실을 알지만, 한때는 지구가 평평하다고 생각했습니다. 무엇이 바뀌었을까요? 사람들의 관점이 바뀌었습니다. 세상은 바뀌지 않았죠. 세상은 예나 지금이나 똑같습니다. 지구는 언제나 둥글었어요. 지구를 바라보는 사람들의 관점이 바뀌었을 뿐입니다.

저는 부자가 되기 위해 외부 세계를 바라보는 관점과 나 자신을 바라보는 관점을 바꾸었습니다. 한 푼도 벌지 못하고 힘들게 지낼 때조차 제 안에는 분명 많은 돈을 벌 수 있는 잠재력이 있었습니다. 그렇다면 어째서 과거에는 그렇게 가난했던 걸까요? 돈을 벌 능력이 없다고 생각했기 때문입니다. 아무 생각 없이 지낸 거죠. 외부 세계가 나를 지배하도록 허용한 것입니다. **자신이 지닌 관점이 곧 현실이 됩니다.** 우리는 관점을 바꿀 수 있습니다. 관점이 바뀌면 일을 처리하는 방식도 바뀝니다.

저는 항상 관점의 전환을 강조해왔습니다. 관점을 바꾸면 지금껏 해오던 똑같은 일을 해도 훨씬 더 많은 성과를 낼 수 있기 때문입니다.

의지 역시 지적 능력입니다. 저는 제 세미나에 참석한 브루스에게 "당신도 1년 소득을 한 달 안에 벌 수 있습니다"라고 말했습니다. 브루스는 학교 선생님이었지만 실제로 연 소득을 월 소득으로 바꿨습니다. 브루스는 자신이 벌어들인 소득에 깜짝 놀랐죠. 당신도 의지만 굳게 다진다면 자신의 잠재력에 깜짝 놀라게 될 겁니다.

케네디 대통령이 베르너 폰 브라운 박사에게 인간을 달에 보낼 우주선을 만들려면 무엇이 필요한지 물었을 때 폰 브라운 박사가 언급한 것은 단 하나였습니다. 세계 최고의 과학자들을 모아야 한다거나 대형 연구 센터가 필요하다는 등의 방법을 거론하지 않았습니다. 그 일을 하려는 '의지'만 있으면 된다고 대답했습니다.

목표한 곳에 도달하려면 무엇이 필요할까요? 그보다 먼저 대답할 질문이 있습니다. 바로 목표가 있느냐는 것입니다. 목표가 있다면 이제 필요한 것은 그 목표를 성취하려는 의지입니다. 당신은 목표가 있다고 확신합니까? 당신은 어디로 가고 싶습니까? 어디로 가고 싶은지를 모른다면 성장하거나 발전하기 어렵습니다. 성장하려면 목표가 있어야 하고, 목표를 세웠다면 이를 성취하려는 의지가 필요합니다.

의지는 주의를 집중하게 해주는 지적 능력입니다. 의지가 의식 속에 흘러 들어올 때, 그 힘을 취해야 합니다. 그 힘을 그림으로 표현한다면 아마도 정수리에서 머릿속으로 흘러 들어오는 모습일 겁니다. 의지가 의식 안으로 흘러 들어오면 우리는 이 힘을 이미지로 바꿀 수 있습니다.

침실 벽에 그림을 걸어놓은 뒤, 전등을 전부 끄고 양초를 켜면 어떻게 보일까요? 벽에 걸린 그림을 촛불 하나에 의지해 보면 그림을 제대로 파악하기 어려울 겁니다. 촛불의 빛이 부족하기 때문이 아닙니다. 빛은 충분합니다. 빛이 전부 그림을 향하고 있지 않다는 게 문제죠. 빛은 방 전체로 퍼지며 일부는 저쪽을 향하고 일부는 이쪽을 향합니다. 또 일부는 천장을 향하고 일부는 바닥을 향해 흩어질 겁니다.

같은 밝기라도 손전등으로 빛을 한곳에 모은다면 즉, 빛이 분산되는 것을 방지하면 그림을 제대로 파악할 수 있게 됩니다. 이와 마찬가지로 우리는 의식 안에 흘러 들어오는 의지를 한데 집중시킬 수 있습니다. 의지를 굳히면 주의를 분산시키는 외부 요인을 무시하고 하나의 이미지에 집중할 수 있습니다.

만약 제가 붐비는 쇼핑몰에서 당신의 뒷모습을 뚫어지게 쳐다보면 어떨까요? 당신은 분명 제 시선을 느낄 것입니다. 제 시선 때문에 불편한 느낌이 들 거고요. 그 순간 무슨 일이 일어난 걸까요? 저는 당신의 뒷모습을 쳐다봅니다. 마음속 화면에 한 가지 이미지를 떠올리죠. 바로 당신의 뒷모습입니다. 저는 집중된 에너지를 내보냅니다. 그 에너지가 총알처럼 당신의 뇌로 날아가서 당신 마음에 불편한 느낌을 불러일으킵니다. 그 불편한 느낌 때문에 당신은 고개를 돌려 저를 보게 됩니다. 느낌이나 감정은 우리가 만들어내는 진동을 인식하는 것입니다.

머릿속에 떠올린 그림 혹은 이미지는 어떤 효과를 낼까요? **머릿속 이미지가 있으면 에너지를 한데 집중할 수 있습니다. 집중된 에너지는 진동을 증폭하고 이에 따라 에너지 흐름이 급증합니다.** 에너지가 훨씬 강해지는 것이죠.

목표를 달성하려는 의지. 그 의지가 인간을 달에 보냈습니다. 그 의지가 우리를 성취로 이끕니다. **의지는 우리에게 힘을 줍니다.**

또 다른 지적 능력으로 상상이 있습니다. 상상은 놀라운 힘입니다. 그런데 우리가 상상을 어떻게 여기는지, 상상에 관해 받은 교육을 보면 그야말로 참담할 따름입니다. 어째서 위대한 창업가가 되는 꿈을 꿀 수 있는데도 보잘것없는 삶에 안주하며 창조적인 꿈을 키우지 않는 걸까요?

긴장을 풀고 상상의 나래를 펼치며 큰 꿈을 성취하는 자신의 모습을 떠올리기만 하면 됩니다. 그런데 어째서 꿈을 이루지 못할 이유만 헤아리는지 답답합니다. 위대한 기업을 떠올려 보세요. 우리는 상상할 수 있으니까요!

저는 위대한 기업을 세우고 세계 곳곳에서 사업을 운영하는 제 모습을 상상했습니다. 과거 일리노이주 글렌뷰의 메이플우드 레인에 있는 집의 작은 방에 앉아 이렇게 적었습니다. "나는 회사를 세워 세계적 기업으로 키울 것이다." 저는 실제로 회사를 세워 세계적으로 사업을 운영하고 있습니다. 현재 90여 개가 넘는 국가에 해외 지사가 있지요. 저는 이제 사업을 더 확장하고 매년 1억 달러를 벌려고 합니다. 이유가 뭐냐고요? 그러고 싶기 때문입니다. 제가 원하기 때문죠. 이렇듯 마음만 먹으면 됩니다. 저는 제가 원했기에 이렇게 성공할 수 있었습니다.

제가 회사를 세계적 기업으로 키우고 싶어 하는 데는 특별한 이유가 있을 거라고 추측할지도 모르겠습니다. 하지만 제 마음이 그러고 싶은 것뿐이지 다른 이유는 없습니다. 돈을 엄청나게 많이 벌고 싶을 뿐입니다. 그 많은 돈을 벌어서 도대체 뭘 하려는지 궁금한가요? 그건 저도 모릅니다. 그 돈으로 무엇을 하는지는 중요하지 않습니다. 물론 그 돈으로 중요한 일을 할 거고 좋은 일에 사용할 겁니다. 가만히 앉아 돈다발을 세거나 통장 잔고를 감상하며 시간을 보내지는 않을 거예요. 돈은 제가 하고 싶은 일을 하게 해줄 도구입니다. 저는 그 돈으로 제게 즐거움을 주는 일을 할 생각입니다. 저 자신과 다른 사람들에게 유익한 일을 하려고 합니다.

나폴레온 힐은 이렇게 말했습니다. "알다시피 상상이란 세상에서 가장 놀랍고, 기적 같은 힘이며 믿을 수 없을 정도로 강력하다. 우리는 마음으로 거대한 성을 지을 수 있다."

1970년대에 저는 케먼스 윌슨과 월리스 존슨이 운영하던 홀리데이 인 멤피스-유니버시티 오브 멤피스 호텔에서 일했습니다. 1950년에는 하나도 없던 홀리데이 인 호텔이 1970년에는 힐튼, 라마다, 쉐라톤 호텔 체인을 모두 합한 것보다 많아졌습니다. 두 사람은 13분에 하나꼴로 객실을 늘려나갔죠!

윌슨과 존슨이 숙박업을 시작한 이유를 아시나요? 윌슨은 가족과 휴가를 갔다가 도로변에 있는 호텔의 위생 상태와 아이들에게까지 숙박비를 받는 것을 보고 깜짝 놀랐습니다. 윌슨은 이 문제로 존슨과 대화하며 아이들에게는 숙박비를 받지 않는 호텔 체인이 있으면 좋겠다고 생각했습니다. 어째서 그런 호텔이 한 곳도 없는지 의아했죠. 그러다가 두 사람이 그 사업을 하기로 했습니다. 홀리데이 인 호텔은 그렇게 시작된 것입니다.

윌슨과 존슨은 수많은 홀리데이 인 호텔을 지으며 성공을 거둔 후 호텔 체인을 배스 코퍼레이션에 매각했습니다. 존슨이 먼저 세상을 떠났고 윌슨은 여든 살이 되도록 한가롭게 지냈습니다. 그러다가 삶에 지루함을 느낀 윌슨은 다시 윌슨 인 호텔을 짓기 시작했습니다. 그는 죽기 전까지 호텔을 100개나 더 지었죠. 그는 이 이야기를 『절반의 행운과 절반의 두뇌Half Luck and Half Brains』라는 책으로 펴냈습니다. 저도 이 책이 있습니다. 저자의 친필 서명까지 받았죠.

꿈을 이루는 일에 나이는 아무 문제가 되지 않습니다! 중요한 것은 생각입니다. 얼마나 상상을 발휘하느냐에 달려 있습니다. 나이가 많아서, 혹은 여자라서 할 수 없다는 생각은 대체 어디서 시작되었을까요? 왜 여성은 남성보다 적게 버는 게 당연하다고 생각하는 걸까요? 어디서 그런 생각이 시작된 걸까요?

한 여성과 제가 대학을 졸업하고 엔지니어가 되어 일자리를 얻는다고 가정합시다. 그렇게 생각하는 사람들에 따르면 거의 모든 기업에서 남자인 제가 여성 동기보다 많은 돈을 벌 겁니다. 그 이유는? 제가 남자이기 때문입니다. 이에 관한 옳고 그름은 여기서 논하지 않겠습니다. 문제는 사람들이 다들 그렇게 행동한다는 겁니다. 만약 그것이 사실이라면 여성이 여성만 고용하는 회사를 직접 차리면 되지 않을까요? 저희 회사만 봐도 여성이 경영하고 있으며, 여성이 회사의 주역입니다. 특별히 여성에게 경영을 맡기려고 여성만 채용한 것은 아닙니다. 결과적으로 여성이 회사를 주도하고 있을 뿐이죠.

원하면 무엇이든 할 수 있습니다. 생각하기에 달렸습니다. 중요한 건 상상입니다. 상상을 발휘하세요. 상상 속은 모든 것이 유리하게 시작되는 곳입니다. 즐겁게 상상의 나래를 펼치다가도 이내 고개를 저으며 그래 봐야 망상이라고 생각을 접어서는 안 됩니다. 상상을 왜 멈추나요? **상상은 우리가 살아갈 방향을 알려주고 영감을 줍니다. 삶을 지속하는 목표가 되고 활력소가 됩니다.**

사람이 지닌 또 다른 지적 능력은 직감입니다. 앞에서 제가 티나라는 세미나 참석자의 성격을 정확하게 짚어냈던 이야기를 했습니다. 저는 사람들의 성격을 잘 파악하는데, 그럴 때마다 사람들은 어떻게 자신에 관해 그렇게 잘 아느냐고 묻곤 합니다. 하지만 그건 저만의 재능이 아닙니다. 사람은 누구나 직관으로 대상을 파악할 수 있습니다. 예를 들면 실력 있는 경찰관은 직감이 뛰어나죠. 세관원도 마찬가지입니다. 토론토 공항에서 일하던 짐 스트린저라는 세관원이 생각나네요. 저는 공항을 자주 이용하면서 몇몇 세관원과 이름을 부를 만큼 친해졌습니다. 짐과는 개인적인 친분을 쌓을 정도였지요. 짐은 토론토 공항에서도 실력이 출중한 것으로 손꼽혔는데, 마약을 비롯해 밀수품을 밀반입하려는 사람을 놀랍게도 잘 적발했습니다. 뛰어난 직감 덕분이었죠. 그는 직감에 따라 사람들의 수상한 낌새를 포착했고, 그 직감이 나중에 사실로 확인되곤 했습니다.

직감은 인간의 의식 속에 있습니다. 직감은 우리가 잠재의식 차원에서 민감하게 대응하도록 돕습니다. 직감 덕분에 우리는 다른 사람의 에너지를 포착해 그 사람이 무슨 생각을 하는지 짐작할 수 있습니다. 직감은 물리적 제약을 받지 않기 때문에 다른 공간에 있는 사람의 에너지도 느낄 수 있습니다. 상대가 지구 반대편에 있어도 그 사람의 에너지를 포착할 수 있다는 겁니다. 직감은 또한 우리가 포착한 에너지를 해석해서 무슨 일이 진행되고 있는지 알 수 있게 해주는 능력이기도 합니다.

우리가 지닌 지적 능력에는 판단도 있습니다. 판단이 있기에 우리는 생각이라는 것을 할 수 있지요.

상상에 대해서는 앞에서도 말했지만 짧게 다시 언급하겠습니다. 우리의 비전은 상상에서 싹틉니다. '만약의 가능성'을 고려하는 것이 상상입니다. 상상 덕분에 우리는 미래로 가서 그 미래를 현재로 끌어오고, 자신이 동경하는 사람처럼 행동할 수 있습니다. 나폴레온 힐에 따르면 상상은 "세상에서 가장 놀랍고, 기적 같은 힘이며 믿을 수 없을 정도로 강력하다"고 합니다. 전등, 볼펜, 항공기, 컴퓨터 등 인간이 만든 것은 모두 누군가의 상상에서 비롯되었습니다.

우리가 지닌 지적 능력에는 기억도 있습니다. 자신은 원래 기억을 잘 못한다며 기억을 타고난 능력처럼 이야기하는 사람도 있는데, 기억은 지적 근육으로 얼마든지 키울 수 있습니다.

누구나 여섯 가지 지적 능력(의지, 관점, 상상, 직감, 기억, 판단)을 이용해 마법을 부릴 수 있습니다. 프록터 갤러거 인스티튜트에서는 인간의 고등한 지적 능력을 개발하는 프로그램을 만

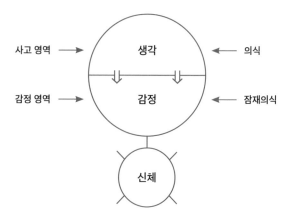

들고 여기에 '마법을 부리는 마인드The Magic in Your Mind'라는 이름을 붙였습니다. 이걸 그림으로 살펴볼까요?

우리에게는 의식, 잠재의식, 몸이 있습니다. 의식이란 사고 영역입니다. 생각이 형성되는 곳이지요. 여기서 여러 가지 생각을 떠올리고 상상의 나래를 펴게 됩니다. 그에 비해 잠재의식은 감정 영역입니다.

우리는 의식 속에서 생각을 떠올리고 꿈을 꾸며 그것을 잠재의식에 새깁니다. 몸은 마인드의 도구이기 때문에 생각과 꿈은 몸으로 표현됩니다. 몸은 생각과 꿈을 행동으로 옮겨 결과를 생산합니다. 이것을 그림으로 표현하면 다음 그림과 같습니다.

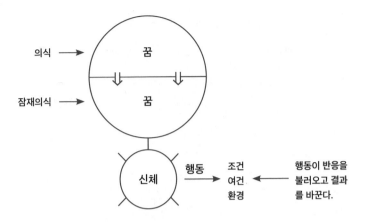

문제는 마인드의 힘을 알고 나서도 다시 기존의 패러다임으로 돌아간다는 것입니다. 남들이 자신을 어떻게 생각할지 눈치를 보며 속으로 고민합니다. '네가 뭐라도 되는 줄 아냐며 비웃으면 어떡하지? 사람들이 쑤군대겠지? 손가락질 받고 싶지 않아.'

변한 당신을 보며 사람들이 이러쿵저러쿵 쑤군대는 것이 싫고 두려울 수 있습니다. 하지만 그런 평가에 위축되는 건 크나큰 낭비입니다. 당당하게 말해야 합니다. 가족에게 뭐라고 말하겠습니까? 가령 남편이 당신에게 도대체 누구를 흉내 내느냐며 철 좀 들라고 핀잔을 주면 어떻게 대답할 텐가요? 그럴 때 당신은 "이게 바로 나야"라고 당당히 말해야 합니다. 자아가 지닌 잠재력을 깨달은 사람이라면 이렇게 말할 것입니다. "내가 어떤 사람인지 보여줄게. 깜짝 놀랄걸?"

어리석은 갈등은 대부분 자신의 참모습을 제대로 이해하지 못하는 데서 비롯됩니다.

반응과 대응의 차이

어떤 일이 벌어질 때마다 기계처럼 반응하는 사람을 본 적 있나요? 이런 사람들은 외부에서 일어나는 일에 습관적으로, 생각 없이 반응하고 봅니다. 반응이 긍정적이라면 재미라도 있을 테지만, 지나치게 부정적으로 반응하는 사람이라면 멀리하는 편이 좋습니다. 자신의 삶을 통제하지 못하는 사람이기 때문입니다.

그러면 반응은 무엇이고, 대응은 무엇일까요? 저는 곤란한 상황에 빠진 한 여자아이와 대화를 나눈 적이 있습니다. 그 여자아이는 학교에서 남자아이를 때려서 곤란해졌다고 하더군요. 왜 때렸냐고 묻자 남자아이가 멍청한 짓을 해서 때렸다고 했습니다.

제가 말했죠. "그 아이가 갑자기 똑똑해지지는 않을 테니 앞으로도 자주 난처해지겠구나."

아이가 말했습니다. "네."

"그런데 왜 그 애를 때렸니?"

"그 애가 놀려서 화가 났어요."

"좋아. 그런 상황에서 대응하는 법을 배워보지 않겠니? 내가 본 걸 말해주자면, 남자애들은 철이 늦게 들어. 아예 철이 들지 않는 애들도 있단다. 그런 남자애들이 주변에 늘 있을 텐데, 멍청한 짓을 할 때마다 네가 무조건 반응한다면 넌 계속 난처한 상황에 빠질 거야. 다음에 남자애가 바보 같은 짓을 하거든 속으로 이렇게 생각해봐. '참 멍청한 아이야. 저런 멍청한 짓을 한 게 내가 아니라서 다행이야.' 그리고 나서 네가 하던 일을 계속하는 거야. 네가 그 아이 행동을 바꾸지는 못하겠지만, 그 행동에 일일이 반응하지 않으면 네가 난처할 일은 없을 거야."

'반응'하는 것은 그 상황이나 그 상황을 만든 사람에게 휘둘리는 것입니다. 반대로 '대응'하는 것은 그 상황이나 그 사람을 제어하는 것입니다. 자신이 상황을 제어하는지가 반응과 대응을 나누는 차이입니다. 마인드를 표현한 그림을 다시 살펴봅시다.

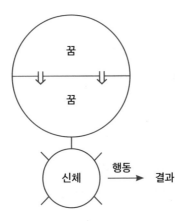

인간에게는 의식이 있고, 의식에서 그림을 생성합니다. 이 그림이 바로 우리의 꿈입니다. 우리가 붙잡은 꿈은 잠재의식에 새겨집니다. 그렇게 새겨진 그림은 몸으로 표현되고, 실행에 옮겨집니다. 행동은 반응을 불러일으키죠. 우리가 공명하는 에너지에 우주가 반응하는 겁니다. 이 원리에서 끌어당김의 법칙이 나옵니다. 행동과 반응에 따라 조건, 상황, 환경, 즉 우리가 결과라고 부르는 것이 달라지는 겁니다.

마인드가 작동하는 과정을 다시 살펴볼까요? 의식에서 그림을 생성하고 꿈을 창조합니다. 그 꿈에 감정을 이입하며 실제로 이루어지는 것처럼 생생하게 느끼면 감정이 바뀝니다. '느낌(감정)'이란 의식의 영역에서 일어난 진동을 설명하려고 만든 단어입니다. 느낌이나 진동은 행동으로 표현됩니다. 행동은 반응을 일으키지요. 행동 혹은 반응이 우리가 처한 조건, 상황, 환경을 바꿉니다. 반응이란 사실은 끌어당김입니다. 이것이 바로 세상의 이치입니다.

참가자1: 영혼의 힘도 좋고 생각의 힘도 좋아요. 문제는 이것들을 어떻게 행동에 옮기냐는 겁니다. 영혼이 있다고 해도 그 영혼이 어떻게 행동하도록 만드는지 모르겠어요. 또 다른 의문점은 기부의 법칙이에요. 저는 이기적인 동기로 이 세미나에 참석했어요. 부자가 되고 싶어서 온 거죠. 나중에는 어찌 될지 몰라도 지금은 제가 가진 돈을 기부하고 싶지 않아요. 저는 부자가 되고 싶을 뿐이에요.

밥: 왜 돈을 벌고 싶은 거죠?

참가자1: 부자로 살면서 인생을 즐기고 싶어서요.

밥: 어떻게 즐길 건가요?

참가자1: 가족들하고 좋은 집에서 여유롭게 살 거예요.

밥: 그러니까 부자가 되고 싶은 건 가족을 위한 것이군요. 그 돈으로 무엇을 하고 싶나요? 잠시 이 이야기를 해보죠.

당신이 온갖 형태로 돈을 모아서 방 안에 모아두고 이따금 세어본다고 칩시다. 그 돈을 가족과는 한 푼도 공유하지 않는다고 가정해보죠. 가족이 행여라도 방에 들어오면 내 방에서 나가라고 소리치며 당신들한테 한 푼도 주지 않을 거라고 선언한다면 어떻게 될까요? 비참한 노인네로 생을 보내게 될 겁니다.

참가자1: 그렇긴 하지만, 그래도 일단 돈이 있어야 집도 살 수 있고요….

밥: 그러니까 당신은 돈을 모아서 가족과 공유하고 싶은 거죠, 맞나요?

참가자1: 맞아요.

밥: 당신은 이미 부는 나눠야 즐길 수 있다는 걸 알고 있네요! 부는 나누지 않으면 의미가 없습니다. 새 차를 샀다고 치면 그 차를 누군가에게 보여주기 전까지는 새 차를 소유한 기쁨을 크게 누리지 못할 거예요. 그 차가 지닌 아름다움이나 편리함을 다른 사람과 공유하고 그 사람이 정말로 멋지다고 감탄할 때 비로소 즐거움을 누리게 되죠. 무엇이든 다른 사람과 나눠야 제대로 즐길 수 있습니다. 노을 구경도 마찬가지입니다. 당신이 노을을 보며 "아, 정말 아름

답다!"라고 감탄할 때 옆에서 누군가 "정말 멋진 노을이지요?"라고 감탄하면 즐거움이 한층 더 커집니다. 기쁜 마음으로 베풀고 감사한 마음으로 받아야 합니다. 돈도 마찬가지입니다. 돈이 당신에게서 멈추면 안 됩니다. 모든 것은 순환해야 합니다. 순환의 법칙을 기억하세요.

참가자1: 하지만 다른 사람에게 기부할 만큼 저한테 돈이 많지 않아요.

밥: 지금 가진 것을 기부하세요.

참가자1: [웃으면서] 그건 현재 제가 이루려는 목표가 아니에요. 제 목표는 우선 돈을 많이 버는 거예요.

밥: 당신이 무슨 말을 하려는지 압니다. 하지만 이 문제를 성찰하면 해답을 찾을 수 있을 거예요. 제가 장담하죠. '돈을 많이 벌면 기부해야지. 하지만 우선은 돈을 많이 벌어야 해!'라고 생각하는 사람이 많아요. 당신만 그런 게 아니에요. 이 문제에 관해 질문이 있는 분이 또 있나요? 좋아요, 질문해보세요.

참가자2: 선생님이 말한 모델에 따르면 우리는 외부에서 일어나는 일에 반사적으로 반응합니다. 그처럼 반응하는 것은 우리가 외부에서 일어나는 일에 생각 없이 끌려가기 때문이라고 하셨는데, 좀 더 자세히 설명해주세요.

밥: 우리가 원치 않는 것은 끌어당기지 않고 진심으로 원하는 것을 끌어당기려면 행동과 반응을 제어해야 합니다. 반사적으로 반응하는 것은 원치 않는 것을 끌어당기는 일입니다. 다시 말해, 습관적으로 반응하기보다 차분히 대처해야 합니다. 그러면 자신이 원하는 것이 다가올 겁니다.

참가자2: 사람들은 왜 습관적으로 반응하는 거죠?

밥: 그렇게 반응하도록 교육을 받았기 때문입니다. 외부 요인이 '나'를 장악하도록 허용하는 데 익숙해진 거죠. 습관대로 반응하지 않고 주변에서 일어나는 일을 가만히 관찰하는 법을 배우면 삶이 좋은 방향으로 변하기 시작하고 목표에 훨씬 가까이 다가갈 수 있습니다. 자신이 기계적으로 반응하고 있다는 것을 알아차리고, 멈추고 관찰하는 법을 배워야 합니다. 자신이 현재 어떻게 행동하는지 먼저 자각해야 해요.

잘못된 반응을 고치는 과정에 관한 사례를 하나 들어보겠습니다. 저는 어릴 때 "아 유스 커밍Are yous coming?"이라고 말하곤 했습니다. 지칭하는 사람이 한 명 이상이면 단수형 '유you'

가 아니라 복수형 접미사 s가 붙은 '유스yous'가 옳다고 생각한 거죠. 제 친구 잭의 어머니인 그레고리 아주머니는 항상 "밥, 유스yous가 아니라 유you라고 말해야지"라며 제 표현을 정정하셨습니다. 저는 속으로 생각했어요. '아줌마가 뭘 모르시네. 여러 명을 가리키는데 어떻게 유you라는 거야.'

하지만 그레고리 아주머니는 잘못된 표현을 용납하지 않으셨습니다. 매번 제 표현을 지적했죠. "밥, 유스가 아니라 유란다." 그러다 보니 "아 유스 커밍Are yous coming?"이라고 말하려다가도 잠시 멈추고 "아 유 커밍Are you coming?"이라고 말하게 되었습니다. 처음에는 매우 어색했지만 결국 행동을 교정하게 되었죠.

먼저 자신이 어떻게 행동하는지 알아차려야 합니다. 자신이 직면한 상황에 따라 기계적으로 반응한다는 사실을 인식해야 해요. 그런 다음 일단 멈춰야 합니다. 그러면 자기 안의 어떤 소리가 하던 대로 하라고 부추길 것입니다. 행동을 교정하려는 시도에 저항하며 자꾸만 예전처럼 반응하도록 유혹하는 거죠. 이때 기존 반응을 중단하고 잠시 멈춤으로써 그 상황을 제어해야 합니다.

기존 반응을 중단하는 것만으로도 효과가 있습니다. 아무것도 하지 않기를 선택하세요. 상황을 가만히 관찰하며 그 상황을 그대로 흘려보내는 겁니다. 반사적으로 반응하지 않고 가만히 관찰하는 법을 배우기는 쉽지 않습니다. 하지만 제가 보장합니다. 이 방법을 터득하고 나면 엄청난 보상이 따를 겁니다.

욕망이 있다면 이룰 수 있는 능력도 있다.

―・◦・―

나폴레온 힐

Bob Proctor

Day 5

❋

부를 이룰
비밀병기

이미 꿈을 이룬 사람처럼
행동하라

✳

저는 엄청난 갑부에게 멘토링 서비스를 제공한 적이 있습니다. 이 고객은 35미터가 넘는 호화 요트를 갖고 있었는데, 카리브해에서 항해를 즐기다가 요트를 몰고 지중해로 건너가기도 했습니다. 프랑스 남부 앙티브에는 아름다운 별장도 있었습니다. 그뿐 아니었어요. 스위스 크슈타트에도 멋진 별장이 있었고 런던 이튼 스퀘어에도 화려한 별장이 있었습니다. 영국 왕실의 별장이라고 해도 의심하는 사람이 없을 정도로 호화로웠죠. 이 사람은 엄청난 부자였습니다. 저는 그가 제공한 전용기를 타고 지중해에서 카리브해로, 거기서 또 앙티브 별장으로 이동했습니다. 사나흘 정도 멘토링을 하고 대가로 수천 달러를 받았습니다. 제 역할은 그 부자가 다시 사업 일선으로 돌아가도록 돕는 것이었습니다.

우리는 어려서부터 노동의 목표는 돈을 버는 거라고 배웠는데, 그 부자는 돈을 벌려고 일하지 않았습니다. 그는 이미 돈이 차고 넘쳤죠. 사실 일하는 목적이 돈이라는 건 참으로 어리석고 슬픈 생각입니다. 돈을 벌려고 일하는 것은 일의 목표 중 가장 저급한 목표니까요. 어쨌든 저는 임무를 완수했고, 그 갑부는 다시 일을 시작했습니다. 그를 멘토링하는 것은 즐거운 경험이었습니다.

제일 기억에 남는 것은 그가 매일 아침 루이 암스트롱의 노래 〈이 얼마나 멋진 세상인가What a Wonderful World〉를 틀었다는 사실입니다. 저는 매일 아침 요트에서 흘러나오는 그 노래를 들으며 노래가 주는 힘을 느꼈습니다.

이 노래를 스마트폰이나 다른 기기에 저장해두고 매일 아침 기상할 때마다 들을 것을 추천합니다. 조니 내시의 〈이제 분명히 알겠어I Can See Clearly Now〉와 냇 킹 콜의 〈프리텐드Pretend〉도 추가할 만한 곡이죠. 가사는 다음과 같습니다.

우울할 때 행복한 척하세요.

그리 어렵지 않아요.

행복한 척할 때마다

끝없는 행복을 찾을 겁니다.

이 노래를 항상 틀어놓고 듣는다면 이 노래의 메시지가 마인드에 새겨져 패러다임이 바뀔 것입니다. 처음에는 행복한 척하는 것에 지나지 않아도 곧 진짜 행복이 찾아오게 됩니다.

마인드를 표현한 그림을 살펴봅시다. 의식, 잠재의식, 신체가 있습니다. 의식이란 사고 영역입니다. 학습이 일어나는 영역이라 특히 학교에서 중요하게 여기죠. 우리가 흔히 말하는 지능과 온갖 지적 능력이 여기에 있습니다.

의식 영역은 귀납적이면서 연역적입니다. 다시 말해 의식 영역은 정보를 받아들이거나 거부할 수 있다는 것입니다. 그에 반해 잠재의식은 철저하게 연역적입니다. 받아들이기만 할 뿐 거부할 능력이 없습니다.

의식 영역에는 정보를 취사선택할 능력이 있습니다. 에너지가

의식에 흘러 들어올 때 우리는 무엇을 할지 선택할 수 있습니다. 무엇을 생각할지 선택할 수 있죠.

무엇이든 원하는 대로 생각할 수 있는 능력이라니 엄청나지 않나요? 무엇을 받아들이고 무엇을 거부할지 선택할 힘이 의식에 있습니다. 세상에는 반드시 해야 하는 일이 있고, 도저히 어찌할 수 없다는 생각이 드는 일들도 있습니다. 엄밀히 말하면, 우리가 제어할 수 있는 대상은 자기 자신밖에 없습니다. 우리는 나 자신 외에는 그 무엇도 제어하지 못합니다.

하지만 중요한 건 자신의 관점과 대응하는 방식은 제어할 수 있다는 것입니다. 나를 제어하는 능력이 내 안에 있기 때문이지요. 어떤 생각이든 받아들일 힘도 있고 거부할 힘도 있다는 겁니다. 사람들이 텔레비전에 나와 떠드는 이야기를 모조리 무시할 수 있습니다. 텔레비전에서 나오는 이야기를 무조건 수용할 이유는 없어요. 방송에서 경제가 무너진다고 말하거든 그 말을 거부하십시오. 전문가라는 사람은 자기 말이 과장이 아니며 주의를 기울일 때라고 강조할 겁니다. 하지만 그 말에 주의를 기울일 필요가 없습니다. 주의를 기울이고 싶지 않은 대상에 주의를 기울일 필요가 없는 거죠. 신은 우리에게 선택할 수 있는 능력을 주었습니다. 세상의 모든 헛소리를 거부하기로 선택하.

Bob Proctor

세요.

세상이 떠드는 이야기를 거부할 때 자기만의 아이디어를 창조할 힘이 나옵니다. 만약 이 힘을 눈으로 볼 수 있다면 우리 의식으로 끊임없이 흘러 들어오는 아름다운 광경을 목격할 텐데요. 우리에게 흘러 들어오는 그 힘은 형태가 없습니다. 그것은 순수하고 창조적인 에너지입니다.

의식 영역에서 무엇을 선택해 뇌리에 새기든지 잠재의식은 그것을 받아들여야만 합니다. 잠재의식은 거부할 능력이 없으며 철저하게 연역적입니다.

여기서 중요한 건, 잠재의식이 현실과 상상을 구별하지 못한다는 점입니다. 제가 원한다면 저는 당신을 최면에 빠뜨려서 땀을 뻘뻘 흘리게 만들 수 있습니다. 실내 온도가 40도가 넘는다고 믿게 만들 수 있으니까요. 그리고 나서 곧장 실내 온도가 매우 낮다고 믿게 만들어 추위에 떨게 할 수도 있습니다. 실내 온도는 변하지 않았지만, 제가 당신의 마인드에 주입한 생각 때문에 당신의 관점이 바뀌기 때문입니다.

저는 몸을 탁자처럼 단단하게 만들 수도 있습니다. 강직 증상을 일으킬 수 있다는 뜻입니다. 몸은 내가 시키는 대로 변합니다. **우리 몸은 마인드가 부리는 도구입니다. 우리가 원하는 이**

미지를 떠올리면 잠재의식이 그 이미지를 그대로 수용합니다. 잠재의식은 이미지를 거부할 수 없습니다. 잠재의식은 현실과 상상을 구분하지 못합니다. 그저 들어오는 이미지를 수용할 뿐이죠.

이 개념은 우리가 살면서 듣게 되는 그 어떤 이야기보다 중요한 개념이니 잊지 말기 바랍니다.

❦

당신과 내가 여기에 있습니다. 여기에는 힘이 존재합니다. 이 힘은 당신의 의식으로 흘러 들어갑니다. 당신이 신문, 라디오, 텔레비전을 비롯해 다양한 매체에서 접하는 메시지 역시 모두 당신의 의식으로 들어갑니다. 당신은 이들 메시지를 수용할 힘도 있고, 거부할 힘도 있습니다. 우리는 우리가 가진 지적 능력을 활용해 이렇게 말할 수 있어요. "그 메시지를 받아들이지 않겠다. 그런 생각은 하지 않겠다. 그런 말은 듣지 않겠다." 어떤 아이디어를 거부하겠다고 선택함으로써 그 아이디어를 제거할 수 있습니다.

그런데 우리는 대체로 그렇게 행동하지 않습니다. 그보다는 외부에서 들어오는 메시지나 이야기를 그대로 받아들입니다.

Bob Proctor

비판적 사고 없이 그 메시지가 잠재의식으로 흘러가도록 허용합니다. 왜 그렇게 할까요? 그렇게 길들여졌기 때문입니다. 의식으로 흘러 들어간 메시지들은 잠재의식에서 패러다임을 형성합니다.

가령 제가 강연 도중 청중을 향해 "손을 턱에 갖다 대보세요"라고 하면서 실제로는 뺨에 손을 갖다 대면 어떻게 될까요? 청중은 제 행동을 따라 뺨에 손을 갖다 댑니다. 턱이 어디에 있는지 모르는 사람은 없습니다. 그런데도 턱이 아닌 뺨에 손을 갖다 대고 맙니다. 제 행동이 여과 없이 청중의 잠재의식에 흘러 들어갔기 때문입니다!

우리는 이런 식으로 살아갑니다. 다른 사람들을 바라보며 온순한 양처럼 아무 생각 없이 뒤따라가는 거죠. "저 길로 가야 해! 다들 저 길로 가잖아!"라고 생각할지도 모릅니다. 단언컨대 그 길은 잘못된 길입니다! **다수가 몰려가는 길에는 돈 벌 거리가 없습니다. 돈 벌 거리는 반대쪽에 있습니다.**

제가 세미나나 강연을 할 때마다 두세 명은 거기서 돈 벌 거리를 찾아서 돌아갑니다. 어째서 이토록 소수의 사람만 인생을 바꾸고, 대다수는 변화에 실패하는 걸까요? 그건 우리가 어려서부터 남들이 하는 대로 하라고 배웠기 때문입니다. 당신이 지금 쓰는 언어가 무엇인지, 좋아하는 음식은 무엇인지 생각해 보세요. 왜 그 음식을 좋아하나요? 그 음식을 좋아하게 된 건 당신의 결정이 아닙니다. "아니에요. 제가 결정한 거예요"라고 항변할지도 모르겠네요. 하지만 사실은 사실이니까요. 당신이 결정한 게 아니라 환경이 당신을 몰아간 겁니다. 언어도 마찬가지입니다. 당신이 어쩌다 지금 쓰는 언어를 구사하게 되었을까요? 그 말을 사용하도록 교육받았기 때문입니다.

갓난아이는 잠재의식이 활짝 열려 있습니다. 주변에서 일어나는 모든 일이 갓난아이의 잠재의식으로 들어갑니다. 네다섯 살밖에 되지 않은 어린이를 외국에 데려가 언어를 가르치면 금세 외국어를 유창하게 구사합니다. 어린아이의 이런 능력을 활용해 여러 언어를 습득하게 하는 지역도 있습니다. 쿠알라룸푸르에 사는 제 지인의 자녀는 네 살배기인데 4개 국어를 구사합니다. 일부러 언어를 가르치지 않았는데 말이죠. 그저 주변에 각기 다른 언어를 구사하는 사람들이 있었을 뿐입니다.

말문이 트이기 전의 아기에게 읽는 법을 가르치면 말문이 트일 때쯤 부모에게 책을 읽어줄 수도 있다는 사실을 아십니까? **잠재의식은 우리가 주는 정보를 그대로 수용한다는 사실을 기억해야 합니다. 잠재의식은 활짝 열려 있습니다.**

Bob Proctor

복지 문제를 살펴보면 몇 세대에 걸쳐 기초 수급자 신세를 벗어나지 못하는 사람이 생각보다 많다는 것을 알 수 있습니다. 전문가들은 온갖 질문을 던지며 그들의 과거를 분석합니다. 그렇게 해서 어떤 문제를 찾는다 치죠. 그러면 그 문제가 사라질까요? 그렇지 않습니다. 그런데 어째서 그 문제를 찾으려고 많은 시간을 허비하는 걸까요? 과거의 문제를 발견한들 지금의 문제는 해결되지 않는데 말이죠! 과거의 일은 다 지난 일이니 훌훌 털어버려야 합니다. 과거를 파헤치는 심리분석 역시 조금 발전한 형태일 뿐 큰 의미가 없습니다.

우리는 어디서 생각과 신념을 얻을까요? 어려서부터 수없이 반복한 것들이 잠재의식에 새겨집니다. 생각해보세요. 아기는 잠재의식이 활짝 열려 있습니다. 아기는 부모가 무슨 말을 하든지 그대로 받아들입니다. 예를 들면 아기가 배우는 언어가 그렇죠.

자아상도 아주 어린 나이에 형성됩니다. 심지어 아기가 생각할 능력을 지니기도 전에, 다시 말해 의식하는 능력을 갖추기도 전에 자아상을 형성합니다. 아기가 지닌 자아상은 부모나 다른 사람이 심어준 것입니다. 그런데 그 자아상을 심어준 사람들은 인간의 잠재력에 무지할 가능성이 큽니다. 칭찬을 자주 들으며 자란 아이는 안정되게 성장할 가능성이 크죠. 비판을 자주 들으며 자란 아이는 불안정하게 성장할 가능성이 크고요. 부모는 아이에게 어떤 생각이든 주입할 수 있습니다. 수없이 반복하면 뭐든 아이의 잠재의식에 새겨집니다.

당신이 좋아하는 음식은 어째서 좋아하게 되었나요? 그 음식을 좋아하도록 습관이 들었기 때문입니다. 당신은 왜 지금 사용하는 언어를 사용하게 되었을까요? 그 언어를 사용하도록 습관이 들었기 때문이지요. 우리가 지닌 선입견은 어떻게 생겼을까요? 그런 선입견을 지니도록 길들여졌기 때문입니다.

인류는 피부색도 생김새도 몸집도 성별도 다르지만 한 가지 공통분모가 있습니다. 마음은 하나라는 것입니다. 인류는 똑같은 생명의 근원에서 나왔으며 모두가 하나로 연결되어 있습니다.

인간은 어려서부터 조건화에 따라 자아상을 형성하는데, 이

Bob Proctor

자아상이란 한 가지 생각에 불과합니다. 당신은 어떤 환경에서 영향을 받았습니까? 무엇이 자신의 자아상을 규정하는지 주변을 둘러보세요.

로버트 하인라인Robert Heinlein이 쓴 소설 『낯선 땅의 이방인 Stranger in a Stranger Land』에 다음과 같은 구절이 있습니다. "명확한 목표를 세우지 않으면 일상의 사소한 일을 수행하는 데 이상하리만치 헌신하다가 결국 그 일에 얽매인다."

대다수 사람에게 해당하는 말입니다. 이런 사람들은 사소한 일에 붙들려 살다가 우물 안 개구리가 되어서, 아무 가치도 없는 시시한 일밖에 모르고 삽니다! 창의적인 사고를 할 줄 모르고, 자신이 어째서 인생을 즐기지 못하는지 이유를 알지 못합니다. 이들의 인생은 덧없이 지나가버립니다. 보람이나 가치가 없이 헛된 인생을 살게 된다는 거죠.

만약 당신 주변 사람들의 일상이 시시한 일로 채워져 있다면, 당신의 인생도 그럴 가능성이 큽니다. 당신이 성장할 때 주변 어른들이 힘들게 일하며 돈을 벌었다면, 당신도 힘들게 돈을 벌 가능성이 큽니다. 당신이 성장할 때 주변 어른들이 돈을 부정적으로 인식하고, 부자는 돈이 많아도 불행하다고 가르쳤다면 그런 생각은 일찌감치 버리는 것이 좋습니다. 제가 아는 모든 부자들은 그런 소리에 코웃음을 칩니다. 우리의 가치관은 어떻게 형성될까요? 주변 사람들의 선입관과 사고방식에 자신도 모르게 영향을 받습니다.

이런 이야기를 하면 사람들은 "전 그래도 부모님을 사랑해요"라고 말합니다. 저도 부모님을 사랑합니다. 하지만 그분들은 삶을 규모 있게 경영하지 못했습니다. 아버지는 제가 어릴 때 일찍 돌아가셨고 낙오자에 가까웠다고 합니다. 어머니는 근면한 사람이었지만 평생 힘들게 사셨죠. 부모님을 사랑하는 것과 그들의 사고방식을 그대로 따르는 것은 별개의 일입니다.

이제 사고방식을 바꿔봅시다. 잠재의식을 지배하는 패러다임을 바꿔야 합니다.

혼자서는 할 수 없다

✳

제 아내 린다가 새 사무실을 열고 사업을 시작했을 때의 일입
니다. 당시 저는 우연히 린다의 사무실 인테리어를 담당했던
기업에서 세미나를 진행했기에 아내의 사업에 관해서도 이야
기를 들을 수 있었습니다.

린다와 계약했던 투데이스 비즈니스는 실력이 좋은 사무실
인테리어 전문 업체였습니다. 하지만 린다는 업체를 믿기보다
는 작은 것까지 직접 신경을 쓰고 공을 들였습니다. 린다가 사
무실을 다 꾸미고 자기 사업을 시작한 뒤, 저는 직원들에게 일
을 적절히 분담해야 한다고 조언했습니다. 하지만 린다는 그렇
게 하지 못했고, 얼마 지나지 않아 업무를 감당하기 너무 벅차

다며 곤란해했습니다.

하루는 집에 돌아와서 보니 린다가 침실에서 이불을 머리 끝까지 뒤집어쓰고 누워 있었습니다. 사람은 종종 어머니 배 속으로 돌아가고 싶어 한다는 사실을 아세요? 두려움을 느낄 때 우리는 어머니 배 속으로 돌아가고 싶어 합니다. 이불을 뒤집어쓴 것은 그와 비슷한 감각을 느끼려는 행동이지요.

걱정스러워 무슨 일인지 물었더니 린다가 거의 울먹거리며 말했습니다. "이 일 그만둘래요! 내가 감당할 수 있는 일이 아니에요!"

린다는 아마도 제가 "기운 내요. 내가 도와줄게요"라고 위로하며 다정하게 안아주기를 바랐을 겁니다. 하지만 저는 "그러면 그만둬요!"라고 말하고 방에서 나와버렸습니다.

그래서 어떻게 되었을까요? 린다는 이부자리를 박차고 일어나며 말했습니다. "못됐어! 그만두지 않을 거예요."

'작전 성공!' 저는 속으로 쾌재를 불렀습니다. 린다는 일을 그만두지 않고 다시 출근했습니다.

제임스 앨런이 쓴 『생각의 법칙』이라는 작은 책이 있어요. 제가 무척 좋아하는 책입니다. 이 책에 이런 구절이 있습니다. "사람은 칭얼대거나 악담하기를 멈추고 자신의 삶을 제어하는 숨겨진 원칙을 찾기 시작할 때 비로소 사람다워진다.”

진심으로 도움받기를 원할 때 비로소 다른 사람도 그 사람을 도울 수 있습니다. 중요한 것은 스스로 강해지려고 노력해야 한다는 것입니다. 평소에 동경하던 사람의 장점을 배우려고 노력해야 합니다. 내가 처한 상황을 대신 바꿔줄 수 있는 사람은 아무도 없으니까요.

린다가 직면한 문제는 제가 대신 해결해줄 수 있는 일이 아니었습니다. 린다가 기계적으로 반응하는 습관을 버리고 자신의 사고방식을 바꿔야 하는 일이었습니다. 고통스러운 순간을 자신의 잠재력을 발견할 기회로 삼아야 합니다. 스스로 노력해야만 성장할 수 있는 법이죠.

1961년 저는 2만 5000달러라는 목표를 적어놓고 어떻게 하면 이 돈을 벌 수 있을지 궁리했습니다. 그때 레이 스탠퍼드가 『생각하라 그리고 부자가 되어라』의 제6장 계획 편을 펼쳐서 보여주었습니다. 페이지 맨 위에 적힌 글귀가 눈에 들어오더군요. “욕망을 이용해 돈을 벌 능력을 갖추려면 부를 얻는 대가로 제공하는 서비스와 상품, 전문성 측면에서 전문 지식을 갖추어야 한다."

사람들은 돈을 벌려면 전문 지식이 필요하다고 합니다. 저는 특별한 전문 지식이 없었습니다. 학교 교육도 제대로 받지 못했고 사업 경험도 없었죠. 저는 저를 업신여겼습니다. 제게 없는 것들을 생각했어요. 레이는 제가 자기 비하를 중단하지 않으면 일어서지 못할 거라고 충고했습니다. 세간의 말처럼 전문 지식이 반드시 있어야만 하는 것은 아니라며 자신의 장점을 생각하라고 조언했습니다.

방금 인용한 글귀 다음에도 제가 좋아하는 글귀가 이어집니다. "막대한 부를 일구려면 힘이 필요하고, 고도로 조직화한 전문 지식을 효과적으로 실행할 때 이 힘을 얻는다. 그러나 부를 일구고 싶은 당사자가 반드시 그 지식을 획득할 필요는 없다."

카네기가 한 말을 거듭 언급한 이유는 그만큼 중요하기 때문입니다. 카네기는 당시 세계에서 가장 부유한 사람이었습니다. 그는 가난에 시달리던 어린 시절 부모를 따라 스코틀랜드에서 미국으로 이주했습니다. 이후 철강 사업에 뛰어들어 막대한 돈을 벌었죠. 자서전에 따르면 그는 철을 제조하는 일이나 마케팅에 관해 아는 바가 전혀 없었으며 그에 관해 배우려고

하지도 않았습니다. 하지만 그에게는 필요한 정보를 제공하는
이들이 있었습니다.

⌘

만약 당신이 모든 것을 알아야 한다고 생각한다면 그런 생
각은 버리는 것이 좋습니다. 모든 지식을 알아야 할 필요는 없
습니다. 저는 모르는 게 많지만 대신 주변에는 놀라운 인재가
많이 있고, 그 덕에 사업을 성공적으로 운영하고 있습니다.

예를 들면 지나 헤이든은 업무 추진력과 문제 해결력이 뛰
어난 직원입니다. 지나는 제가 원하는 어느 곳으로든 저를 보
내줍니다. 한번은 우크라이나 수도 키이우에 부스를 7개 설치
하고 7개 국어로 동시에 통역하며 일을 해야 했습니다. 모든
일이 톱니바퀴처럼 맞물려 정밀하게 진행되었습니다. 비행기
에서 내리면 저를 기다리는 리무진이 있었죠. 저는 걱정할 것
이 하나도 없었습니다. 지나가 필요한 모든 것을 마련해두었으
니까요.

샌디 갤러거는 돈을 다루는 데 탁월한 인재입니다. 돈과 관
련한 문제에 그토록 정통한 사람을 저는 본 적이 없어요. 샌디

는 재무제표를 보며 천재적인 감각으로 사람들이 놓치는 것들을 찾아냅니다.

미키 오일러도 빼놓을 수 없죠. 미키는 멋진 광고 문구로 모두를 놀라게 합니다. "그거 어디서 구했어요?"라고 물으면 "제가 썼죠"라고 대답하곤 합니다. 저희 회사에는 이밖에도 놀라울 정도로 뛰어난 인재가 많이 있습니다. 당신도 자기 자신을 개발하면 이들처럼 뛰어난 사람들을 끌어당기게 될 겁니다.

우리는 '고도로 조직화한 전문 지식을 효과적으로 실행'해야 합니다. 중요한 사실은 그 지식을 반드시 당신이 습득할 필요가 없다는 점입니다. 당신이 전문 지식을 습득하려고 긴 시간을 들여 애써 공부하지 않아도 전문 인력의 도움을 받아 문제를 해결할 수 있습니다. 세상에는 당신을 도와줄 사람들이 있습니다. 중요한 것은 세상에 유익한 생각을 제시하는 것입니다. 당신은 어떻게 사람들을 도울지, 그 방법만 생각하면 됩니다. 우주가 당신의 필요를 넉넉히 채울 테니까요.

마스터마인드는 경험과 지혜를 나누는 모임이지, 뭔가를 얻어가기만 하는 모임이 아닙니다. 모든 참가자가 저마다 좋은 생각을 보탤 때 좋은 에너지가 생성되어 모두에게 유익을 제공합니다.

미키와 제가 속한 그룹이 있었는데, 우리는 새로운 사람을 추천할 때 무척 신중합니다. 예를 들어 미키가 미셸을 추천한다고 제안하면 제가 미셸과 대화를 나눕니다. 적합하지 않다는 판단이 들면 미키에게 아무래도 안 될 것 같다고 말합니다. 이유를 길게 설명할 필요는 없습니다. 미셸에게서 우리와 같은 에너지를 느낄 수 없었기 때문이니까요. 미셸이 공명하는 주파수와 우리가 공명하는 주파수가 일치하지 않는 게 문제죠. 그렇다고 미셸에게 문제가 있다는 의미가 아닙니다. 만약 미셸이 우리와 같은 주파수에서 공명한다면 저는 미셸을 추천했을 것입니다. 세 사람이 모두 같은 주파수에 공명한다면 조화로운 관계를 유지하게 될 테니까요.

마스터마인드는 집단 브레인스토밍과 다릅니다. 진정한 마스터마인드는 모든 참가자가 조화를 이룰 때 의미가 있습니다. 이런 모임은 만나기 힘들죠. 저와 『영혼을 위한 닭고기 수프』 공저자인 마크 빅터 한센이 속한 그룹이 있는데, 우리는 그룹을 키워 밀리언 달러 포럼Million Dollar Forum을 만들었습니다.

이런 모임에서는 나를 크게 키워줄 경험과 지혜를 나눌 수 있습니다. 자신이 지닌 것을 베풀고 나누려는 태도를 유지한다면 놀라운 보상이 뒤따릅니다.

몰라서 못 한다는 핑계

＊

마음을 먹기에 따라 많은 문제가 즉시 해결됩니다. 공적인 문 제든 사적인 문제든 우유부단함에서 벗어나 결단을 내리면 상 황이 유리하게 전환됩니다. **결단력이야말로 엄청난 성공을 거두 는 열쇠입니다.**

사람들은 대체로 결단을 내리는 걸 어렵게 여깁니다. 또한 어느 하나에 집중하지 못합니다. 하지만 어느 한 가지에 집중 하고 행동을 취하지 않는 한 어떤 변화도 일어나지 않습니다.

우리는 흔히 이렇게 행동합니다. 마음에서 여러 가지 생각이 떠오르면 개중에서 마음에 드는 생각을 선택합니다. 그리고 나 서 목표를 세우죠. '내가 정말로 원하는 게 이거야. 이 일이 꼭

실현되었으면 좋겠어.'

여기서 대다수가 저지르는 실수가 있습니다. '돈만 있으면 저 일을 할 거야. 돈만 있으면 휴가를 떠날 거야. 돈만 있으면 가게를 늘릴 거야.' 이렇게 생각하고 정작 목표를 향해 걸음을 내딛지 않는 겁니다.

막연히 기다려서는 절대 돈이 생기지 않습니다. 우리는 자신이 원하는 목적지에 도달하는 데 필요하다고 생각하는 것들이 저절로 손에 들어오기를 기다립니다. 그 방식으로는 성공하지 못합니다. 용단을 내려야 합니다. '돈이 생길 때까지 기다리지 않고 지금 당장 이 일을 할 거야'라고 결심해야 합니다.

에드먼드 힐러리는 에베레스트 정상에 오를 방법을 몰랐지만 정상에 올랐습니다. 라이트 형제는 하늘을 나는 방법을 몰랐지만 하늘을 날았죠. **일단 결심이 서면 그 순간 우리 뇌의 주파수가 변하고 좋은 생각이 떠오르기 시작합니다. 성공은 그렇게 이루어집니다!**

결단을 내리는 게 중요합니다. 이건 제가 살아오면서 터득한 교훈입니다. 제가 수백만 달러를 벌 수 있었던 것도 이 교훈 덕분입니다.

크게 성공한 사람은 모두 결단력이 있습니다. 결단을 내리는 사람이 정상에 오르고 결단을 내리지 못하는 사람은 진전을 이루지 못합니다. 경력을 성공적으로 구축하는지 아니면 실패하는지 여부는 결단력에 달려 있다고 해도 과언이 아닙니다.

다른 사람이 어떤 결정을 내리든 거기에 영향받지 않고 스스로 올바른 결단을 내리는 사람을 보면 분야에 상관없이 매우 높은 소득을 올립니다. 반대로 결단을 내리는 능력을 기르지 못한 사람은 분야에 상관없이 소득이 낮고 따분하고 보잘것없는 인생을 삽니다.

결단력에 영향받는 것은 소득만이 아닙니다. 인생 전체가 영향받습니다. 몸과 마음의 건강, 가족의 행복, 인간관계와 사회생활이 모두 결단력에 좌우됩니다.

결단력 같은 중요한 것은 당연히 학교에서 가르칠 것 같지만 그렇지 않습니다. 정규 교육뿐 아니라 기업의 직무 교육이나 인적자원 개발에서도 결단력을 기르는 교육은 없습니다.

어디서도 결단력을 가르치지 않는다면 대체 이 능력을 어떻게 개발해야 할까요? 현재로서는 스스로 결단력을 기르는 수

밖에 없습니다. 다행히 이 책을 읽는 당신은 이미 그 능력을 기르기 시작한 셈입니다. 결단력의 중요성을 깊이 자각했을 테니까요.

～～

사람들은 대체로 결단을 내리는 지적 근육이 빈약합니다. 결단의 중요성을 인식하지 못하는 사람도 많죠. 결단을 내리고 일관되고 헌신적인 태도를 유지하는 것이 어떤 차이를 만들어 내는지 모릅니다.

우리가 결단의 중요성을 자각하지 못하는 이유는 여러 가지입니다. 그중 하나는 '결단'이라는 단어의 의미를 정확히 규정하지 않기 때문이라고 봅니다. 헌신이 아니라 단순한 바람을 가리킬 때도 결단이라는 단어를 사용하니까요. 결단이 아니라 선호의 의미일 뿐이데도 말이죠.

'결단decision'이라는 단어는 라틴어 '데치데레decidere'에서 유래했습니다. 접두사 '데de'는 '분리됨off'을 뜻하고 '카이데레caedere'는 '끊다cut'를 의미합니다. **결단은 다른 가능성을 단절한다는 뜻입니다. 진정한 결단이란 다른 가능성을 단절하고 한 가지**

결과를 달성하기 위해 매진하는 것입니다.

진정한 결단을 내렸다면, 특히 힘든 결정을 내린 후에는 엄청나게 무거운 짐을 어깨에서 내려놓은 듯 홀가분한 기분이 들 겁니다.

자신이 어떤 일에 헌신하기로 결단했는지 확인하려면 지난해 달력과 가계부를 살펴보면 됩니다. 당신이 무엇이라 생각하고 말하든 실제로 당신이 중요하게 여기고 결단한 것은 달력과 가계부에서 드러납니다.

일례로 저는 전문성과 취미를 함양하는 일에 헌신적입니다. 그래서 제 달력을 살펴보면 전문 분야와 취미 분야의 강좌, 세미나, 워크숍에 참여했던 기록이 많습니다.

당신의 달력을 살펴보고 당신이 실제로 어떤 것들을 중요하게 여겼는지 확인해보시길 바랍니다.

성장에는 한계가 없다

✤

레이먼드 홀리웰이 『번영의 법칙을 따르는 법』 제1장에서 설명한 번영의 법칙을 살펴보겠습니다. 홀리웰은 "우리가 성공하는 것이 신의 뜻이다. 신이 인간을 창조한 목적은 인간이 위대해지는 것이다"라고 말했죠.

당신과 제가 위대한 사람이 되는 것이 신의 뜻이라니 놀랍지 않나요?

로버트 러셀Robert Russell은 위대해지는 데 비결 같은 것은 없다고 말했습니다. 저도 그렇게 생각합니다. **일상에서 마주하는 사소한 일들을 훌륭하게 처리하면 우리도 위대한 사람이 될 수 있습니다.**

Bob Proctor

대단하고 거창한 일을 찾으려고 애쓰지 않아도 됩니다. 지금 자신이 처한 위치에서 시작하세요. 일상에서 하는 모든 일에 최선을 다하면 됩니다.

홀리웰은 이렇게 말했습니다. "신의 뜻은 인간이 우주에 있는 온갖 좋은 것을 이용하고 소유하고 누리는 것이다. 신은 인간의 욕망에 반대하지 않는다. 인간은 부유한 삶을 누리도록 태어났다."

오래전 저는 이 책에서 얻은 가르침을 토대로 프로그램을 개발했습니다. 그 교육 프로그램에 이렇게 이름을 붙였죠. '당신은 부자로 태어났다You Were Born Rich.' 그렇습니다. 우리는 부자로 태어났습니다. 우리는 재능과 능력이 풍부합니다. 다만 돈이 약간 부족할 뿐이죠. 홀리웰의 말대로 우리 내면에 있는 힘은 무한합니다.

내면의 힘을 깊이 생각해봐야 합니다. 우리 내면에는 고갈되지 않는 힘이 있습니다. 이것은 불변의 법칙입니다.

홀리웰은 이런 말도 했습니다. "모든 개인은 저마다 완벽한 재능을 타고난다. 이 재능을 올바로 계발하고 과학적으로 구현하면 성공할 것이며, 그 성공은 멈추지 않을 것이다."

나폴레온 힐은 이렇게 말했죠. "교육받은 사람이란 전문 지식을 풍부하게 갖춘 사람만을 의미하지 않는다. 교육받은 사람이란 지적 능력을 연마해 타인의 권리를 침해하지 않고도 자신이 원하는 것을 획득하는 사람이다."

안타깝게도 우리는 이 지적 능력을 개발하도록 교육받지 못했습니다. 그 대신 오감에 따라 판단하도록 교육받았죠. 외부에서 들어오는 감각에 따라 살도록 습관을 형성했다는 말입니다. 의식 차원보다 감각 차원을 중시한다는 의미입니다. 그래서 사람들은 지적 차원 혹은 영적 차원보다 물질적 차원을 우선시합니다. 물질적 차원이 영적 차원을 지배하도록 허용하는 셈이죠. 하지만 이는 우주의 법칙을 거스르는 일입니다.

신은 영적 차원에서 계획하고 물질적 차원에서 이를 실현합니다. 영적인 것은 항상 높은 차원에서 낮은 차원으로 작용하고, 비물질적 상태에서 물질적 상태로 모습을 드러냅니다. **번영의 법칙을 따라 살고 싶다면 지적 능력에 의식을 집중해야 합니다. 생각이 먼저 있고 물질이 나중입니다.** 그 반대로는 힘이 작동하지 않습니다. 계좌 잔액이 당신의 재정 상태를 규정하도록 허용하지 마십시오.

저는 멘토링 서비스를 할 때 의뢰인에게 지금까지 최대 연간 소득이 얼마인지 물어봅니다. 나이가 지긋한 한 기업가는 이렇게 대답했습니다. "10만 달러입니다." 그의 얼굴에 자부심이 비쳤습니다. 적은 돈이 아니니까요.

저는 그 사업가에게 말했습니다. "제가 말하는 대로 하면 그 돈을 한 달 안에 벌 수 있습니다." 그 사업가는 실제로 몇 개월 지나지 않아 일 년에 버는 돈을 한 달에 벌게 되었습니다. 그게 바로 제가 하는 일입니다. 저는 사람들이 일 년에 버는 돈을 한 달에 벌 수 있도록 수입원을 다양화하는 법을 가르칩니다.

홀리웰에 따르면 사람은 타고난 재능을 올바로 계발할 때 성공할 수 있습니다. 사람의 지적 능력에 관해서는 이미 이야기했으니 길게 설명하지는 않고 핵심만 짚어보려 합니다. 우리에게는 삶의 의미를 인식하는 관점이 있고, 목표에 집중하는 의지가 있습니다. 기억과 판단도 있죠. 직감과 상상도 있습니다. **지적 능력을 계발할수록 성공의 크기도 커집니다. 외부 세계에 지배당하지 않고 진정한 '나'로 살려면 지적 능력을 사용해야 합니다.**

홀리웰도 말했죠. "사람은 누구나 한없이 발전할 수 있는 역량을 지니고 있다."

성장에는 한계가 없습니다! 저는 당신이 얼마나 성장할지 생각하면 설렙니다. 저는 55년이 넘도록 이 주제를 연구했지만 55년 후에도 이 공부를 멈추지 않을 겁니다. 지금도 제 역량을 향상하고 싶을 뿐입니다.

홀리웰은 이어서 이렇게 말했습니다. "신이 주신 법칙은 삶의 모든 영역에서 멈추지 않고 발전하는 데 있다. 이 법칙과 조화를 이룰 수 있다면 점점 더 큰 성공을 경험할 것이다."

이 법칙을 공부하면 당신은 성공할 것이고, 오늘보다 내일 더 큰 성공을 거둘 것입니다. 굉장하지 않나요? 당신은 더 많은 돈을 벌 것이고, 소득이 계속 늘어날 것입니다. 제 연간 소득이 4000달러에서 수백만 달러로 늘어난 걸 보십시오. 제 삶은 편해졌고 예전처럼 고되게 일하지 않습니다.

나폴레온 힐에 따르면 목표가 크다고 해서 더 큰 에너지가 들지 않습니다. 그게 바로 제가 지금 말하고자 하는 주제입니다.

성공하면 돈을 더 많이 버는 것 외에 또 무슨 이점이 있을까요? 더 많은 친구, 더 좋은 친구를 얻을 수 있고, 더 건강해질 수 있습니다. 일하는 것이 더 즐거워집니다. 하고 싶었던 일을 할 수 있고, 자신이 바라는 방식으로 살 수 있습니다.

홀리웰의 말에 따르면 "자연의 법칙에는 언제나 성공뿐이다. 자연은 실패를 모른다." 참으로 놀라운 말입니다!

홀리웰은 또 이렇게 말했습니다. "자연은 실패를 계획하지 않는다. 온갖 형태와 온갖 방법으로 성과를 만들어낸다. 가장 완벽하고 좋은 조건으로 성공하려면 자연을 모델로 삼고 자연이 사용하는 방법을 모방해야 한다. 자연의 원리와 법칙에서 모든 성공 비결을 찾아야 한다."

설레지 않습니까? 저도 자연을 모방할 때 성공을 경험했습니다. 한 가지 분명한 사실이 있습니다. 바닷물은 차오르고 빠져나가기를 반복합니다. 밤이 지나가면 낮이 오기 마련이죠. 겨울이 끝없이 이어지는 법은 없습니다. 이것이 자연의 법칙이 작동하는 방식입니다. 그리고 우리는 자연을 모방할 역량이 있습니다.

이어서 홀리웰은 이렇게 말했습니다. "자연의 원리와 법칙에서 우리는 성공에 이르는 모든 비결을 찾아야 한다. 사람이 사용할 수 있는 자원은 무한하다. 개인의 잠재력에는 한계가 없다."

'자원은 무한하다'라는 말을 생각해봅시다. 이는 곧 우리 능력에는 한계가 없다는 말입니다. 따라서 온 우주를 구성하는 요소와 힘, 원칙에 주의를 기울이고 그것을 자신의 삶에 적용해야 합니다.

온 우주라니, 지나친 비약인 것 같나요?

우리가 이 법칙에 따라 일할 때 우주 만물이 기꺼이 우리를 돕게 됩니다. 이것은 절대적인 우주의 법칙입니다. 이 법칙은 전능한 신이 채택한 보편적이고 질서정연한 방법론이며, 만물이 작동하는 방식입니다.

홀리웰은 이렇게 주장했습니다. "사람은 경이로운 수준까지 지능을 개발할 수 있다. 인생의 모든 질문에 해답을 찾을 수 있다. 자연의 모든 비밀을 발견할 수 있다. 인간의 문제를 모두 해결할 수 있다. 불가능한 것은 없다."

세상 모든 사람은 이 법칙을 깨쳐야 합니다. 사람들이 오늘날 누리는 생활 방식 역시 이 법칙과 조화를 이룬 덕분입니다. 이 세상에는 양변기가 뭔지 모르고 살아가는 사람들도 있습니다. 평생 전자레인지를 보지 못한 사람들도 있죠. 인류가 지금과 같은 방식으로 생활하게 된 것은 그리 오래된 일이 아닙니다. 전기는 전 세계 대다수 사람에게 비교적 새로운 문물입니다. 우리가 현재 당연하게 여기는 것 중에는 역사가 짧은 게 많습니다.

우리가 누리는 현대 문물은 고작 지난 몇 세기에 걸쳐 생겨났습니다. 생각해보세요. 이는 사람들이 이 법칙을 이해했기에 일어난 변화입니다. 우리가 이 법칙을 이해할 때 얼마나 대단한 일을 할 수 있을지 생각해보십시오. 홀리웰은 이렇게 말했습니다.

> 모든 사람의 내면에는 고도의 지적 능력, 놀라운 재능, 우수한 통찰력, 강력한 힘이 내재한다. 심리적 접근법을 체계적으로 적용하면 이 우수한 자질들을 놀라운 수준으로 개발해 실제로 유용하게 발현시킬 수 있다. 모든 사람은 자기 안의 능력을 개발해 위대해질 수 있다. 방법론만 알면 되는 문제다. 올바른 지침에 따라 스스로 자기를 돕고, 자기를 발견하고, 자기를 이해하는 사람이라면 누구나 자신의 능력과 잠재력을 향상할 것이다.

마음은 완전합니다. 우리는 생각할 수 있고 우리의 생각을 물질로 구현할 수 있습니다.

훈련하면 효율성이 증가한다. 자주 하면 좋은 결과가 이어진다. 꿈이 있는 사람은 성공을 거둘 수 있다. 성공하고 싶은가? 당신 안에 모든 자질이 있다. 당신이 할 일은 성공에 이르는 원리와 법칙을 제대로 이해하고 성공을 거둘 때까지 적절한 방법으로 적용하는 것이다.

하지만 노력해야만 성취할 수 있습니다. 공짜 점심은 없으니까요. 이것이 번영의 법칙입니다. 이에 대한 이해가 깊어지면 당신 곁에 무한한 자원이 있음을 깨닫게 될 것입니다. 번영의 법칙을 거스르지 않는다면 원하는 것을 무엇이든 가질 수 있고, 누리고자 하는 것은 뭐든 누릴 수 있습니다.

저는 사무실 청소를 시작하면서 소득이 100만 달러가 넘어가기 시작했습니다. 사무실 청소는 어디까지나 부업일 뿐 제

직업은 소방관이었고, 사무실 청소를 하고 싶어서 시작한 것도 아니었습니다.

저는 제게 무슨 일이 일어났는지 알고 싶었습니다. 어째서 제 삶이 달라진 걸까요? 어떻게 낙오자로 살던 제가 100만 달러 넘게 버는 사람이 되었을까요?

제 삶이 바뀔 수 있었던 것은 나 자신을 바라보는 인식을 바꿨기 때문입니다. 저는 온갖 자기계발서와 종교서를 섭렵했습니다. 제 서재에만 3000여 권의 책이 있습니다. 하지만 『생각하라 그리고 부자가 되어라』를 읽고 나서야 모든 것이 바뀌기 시작했습니다. 저는 이 놀라운 책을 다른 사람들에게도 선물했지만, 그들에게는 아무런 변화도 일어나지 않았습니다. 그래서 제 삶이 바뀐 진짜 이유가 무엇인지 알아내려고 공부를 시작한 것입니다.

제가 무엇을 했길래 삶이 바뀐 걸까요? 이 질문에 답하기까지 9년이 넘게 걸렸습니다. 나를 바라보는 신념을 바꾼 것, 이것이 제가 한 일입니다.

만약 당신이 자신의 신념을 철저히 분석해본다면 대부분의 신념에 근거가 없다는 것을 알게 될 겁니다. 우리는 거짓 위에 자아 정체성을 형성합니다.

제 말을 믿는다고 하는 이들 중에도 여전히 믿음을 행동으로 옮기지 못하는 사람이 많이 있습니다. 제가 말한 법칙과 제가 성공한 현상을 이해하지 못하기 때문입니다. 그도 그럴 것이 제가 말하는 것은 모두 내면에서 일어나는 일이니까요.

우리가 어떤 일을 하는지가 중요한 게 아닙니다. 성공은 그 일을 처리하는 방식에 달려 있습니다. 우리 내면에서 일어나는 일이 중요합니다. **번영의 법칙을 거역하지 않고 조화를 이룰 때 성공이 찾아옵니다. 바로 여기에서 성패가 갈립니다.**

우리는 탐험을 멈추지 않는다.

———•·•———

T.S. 엘리엇

Bob Proctor

Day 6

❀

인생에도
기술이 필요하다

배움을 멈추지 말 것

✳

우리가 원하는 모든 것은 이미 우리 안에 있습니다. 손만 뻗으면 얻을 수 있죠. 모든 것이 우리 안에 있다는 사실만 알아차리면 됩니다. 그리고 핵심을 놓치지 않는 게 중요해요. 무엇이 핵심일까요? 바로 자유입니다.

제 멘토 중 하나인 빌 고브Bill Gove는 이런 말을 남겼습니다. "자유로운 사람이 되고 싶다면 본래의 모습에 충실해야 한다. 다른 사람이 이러쿵저러쿵하는 말을 따르지 말라. 그것은 자신이 아니다. 아내의 말도 아이들의 말도 따르지 말라. 자유를 바라면 자신의 본모습을 지켜야 한다. 자신이 어떤 사람인지는 자신이 제일 잘 안다."

저 역시 이 공부를 처음 시작했을 때는 제 자신을 제대로 알지 못했습니다. 이름과 체중, 키, 성별, 주소, 전화번호 같은 것을 제외하면 아는 게 별로 없었죠.

시간과 돈의 관점에서 자유를 생각해봅시다. 우리는 많은 돈과 여가를 원합니다. 돈이 얼마나 있는지 생각할 필요조차 없는 사람들이 얼마나 많은 여가를 누리는지 알면 깜짝 놀랄 거예요. 돈이 부족할수록 여가가 급격히 줄어듭니다.

제가 빚을 지고 있을 때는 온갖 사람이 저를 다그쳤습니다. "돈 어디 있어?"

그러면 저는 이렇게 대답했습니다. "그걸 알면 돈을 갚았을 테고 이렇게 전화할 일도 없었겠죠."

저는 일 년에 4000달러를 벌었지만 빚이 6000달러였습니다. 참담한 상황이었죠. 18개월 동안 번 돈을 한 푼도 쓰지 않아야 갚을 수 있는 금액이라 희망이 없었습니다. 그때의 저처럼 살아가는 사람이 의외로 많이 있습니다. 그런 삶은 즐겁지 않아요. 그런 걸 인생이라고 말할 수 있을까요? 그저 하루하루 생존하는 거죠.

시간과 돈의 자유를 누린다는 것은 무슨 의미일까요? 원하는 일을 원하는 때 해도 될 만큼 시간이 많다는 것입니다. 그런 생활을 유지할 만큼 돈이 많다는 것이죠.

예전에는 가게에 들어가 가격표를 확인하고 그냥 나오곤 했습니다. 저는 원하는 것이 있으면 가격표를 보지 않고 살 수 있는 재력을 갖고 싶었습니다.

쇼핑하는 사람들을 관찰해보면 대부분 먼저 가격표를 확인해봅니다. 원하는 것을 다 살 재력이 없기 때문입니다. 그래서 자신의 형편이 허락하는 한도 내에서 물건을 구매합니다. 자신에게 가게를 통째로 살 수 있는 잠재력이 있다는 사실을 모르는 게 안타깝습니다. 자신의 잠재력을 이해하는 게 중요합니다.

우리가 이용할 수 있는 공급원이 무한하다는 사실을 아십니까? 동서고금의 종교와 과학이 이 사실을 가르쳐왔습니다. 이건 제 생각이 아닙니다. 저는 이 사실을 깨달은 것에 불과합니다. 공급원이 무한하기 때문에 우리가 자신의 몫을 아무리 많이 챙기더라도 다른 사람들도 자신의 몫을 충분히 챙길 수 있습니다.

저는 레이 스탠퍼드의 말을 기억합니다. 무일푼이던 나와 달리 그는 항상 돈이 많았습니다. 레이는 돈뭉치를 꺼내 들고는 돈이 말은 못해도 말귀는 알아듣는다고 했습니다. 돈을 부르면 돈이 온다는 거였죠. 저는 돈을 불러보았지만 돈은 제게 오지 않았습니다. 하지만 제가 번영의 법칙을 이해하고 나자 돈이 제게 왔습니다. **우주가 제공하는 풍요로운 원천을 이해하자 돈이 제게 온 것이죠.**

∽

생각해보세요. 세상은 끊임없이 변합니다. 터무니없을 정도로 빠르게 변하고 있죠. 얼마 전까지만 해도 저는 강연할 때 커다란 칠판을 이용했습니다. 칠판을 지울 때는 마른 천을 물에 적셔서 닦았습니다. 강연을 계속하려면 천과 분필이 많이 필요했습니다. 오늘날에는 노트북과 프로젝터를 이용합니다. 사진 수천 장을 노트북에 담아서 보여줄 수 있죠. 환등기에 슬라이드를 끼워 보여주던 때는 상상도 못 하던 일입니다.

세상은 갈수록 가까워집니다. 어느 나라든 몇 시간이면 갈 수 있습니다. 세계 곳곳에서 사업을 벌일 수도 있고요.

저는 세계 각지에서 사업을 합니다. 지난주 목요일에는 더블린에서 일했고, 이번 주 목요일에는 멜버른에 있었습니다. 수십 년 전만 해도 이런 일은 평생 한 번 경험할 만한 일이었습니다. 오늘날엔 일주일이면 해외에서 일을 처리하고 돌아올 수 있고, 전보다 훨씬 많은 일을 처리할 수 있습니다. 이 세상은 점점 작아지고 있습니다. 반도체 칩이 우리 삶을 완전히 바꿔 놓았죠.

1970년에 저는 에릭 호퍼와 함께 시카고에서 열린 강연에 참석했습니다. 그 강연에서 호퍼는 이렇게 말했습니다. "격변의 시대에는 배우는 사람이 세상을 물려받는다. 배움을 멈춘 사람은 더는 존재하지 않는 세상을 살아갈 기술밖에 남지 않았음을 깨닫게 될 것이다."

격변하는 시대에는 계속 배우는 사람이 세상을 물려받습니다. 세상을 물려받는다는 표현은 아주 적절합니다. 배우는 사람이 행복과 건강과 번영을 누리게 되기 때문입니다. 1970년에 세상은 엄청난 변화를 겪었습니다. 오늘날과 비교하면 준비 운동 수준의 변화였지만 말이죠. 오늘날 세상이 변화하는 속도를 보세요!

격변하는 시대에는 배우는 사람이 세상을 물려받습니다. 배움을 멈춘 사람은 더는 존재하지 않는 세상을 살아갈 기술밖에 없다는 걸 깨닫게 될 겁니다. 대학을 졸업한 사람을 두고 유식한 사람 혹은 배운 사람이라고 합니다. 하지만 배움을 마친 사람이란 없습니다. 도대체 누가 배움을 마쳤다고 인증해줄 수 있는지 모르겠지만, 그런 것은 없습니다. 배운 사람이란 배우기를 멈춘 사람에 불과합니다. 세상에는 두 가지 종류의 사람이 있습니다. 끊임없이 배우는 사람, 그리고 배우기를 멈춘 사람입니다.

학위를 취득해 공부가 끝났다고 여기는 학생은 사회에 진출한 순간 달라진 세상을 마주하고 어리둥절하게 됩니다. 세상은 지금도 빠르게 변하고 있습니다. **앞으로 계속 나아가고 싶다면 공부를 지속해야 합니다. 배움을 중단해서는 안 됩니다. 공부는 식사나 샤워처럼 일상에서 매일 하는 일과가 되어야 합니다. 그렇게 하면 다가올 세상을 물려받을 것입니다. 행복하고 건강하고 번영하게 됩니다.**

저는 사람들이 보기에 80대 노인에 불과하지만 20대 청년보다 활력이 넘칩니다. 저는 다중 소득원으로 많은 돈을 벌면서 다양한 재미를 누리며 살고 있습니다. 세계 곳곳에 멋진 친구들이 있지요. 이게 가능한 이유는 제가 끊임없이 새로운 것을 배우기 때문입니다. 만약 배우기를 중단한다면 이 모든 것은 사라질 것입니다.

컴퓨터가 세상을 급격히 바꿔놓았습니다. 과거에는 상상하지도 못한 세상이 눈앞에 나타났습니다. 우리가 이 책에서 다루는 내용을 태어나서 처음 보는 사람도 있을지 모릅니다. 당신은 이 책을 만난 것을 신께 감사해야 합니다. 당신은 적절한 때에 적절한 이유로 적절한 장소에 있다고 저는 믿습니다. 이 책에 담긴 지식은 당신이 소유한 지식 가운데 가장 강력한 지식이 될 겁니다. 이렇게 대놓고 자랑하는 이유는 이 지식이 내 것이 아니기 때문입니다.

빌 게이츠가 한 말 중에 제가 무척 좋아하는 말이 있습니다. "한 가지는 분명하다. 다가오는 미래를 거부하고 돌아갈 선택지는 우리에게 없다. 기술이 우리 삶을 바꿀지 말지 그 여부는 투표로 결정되는 일이 아니다."

변화는 민주적 절차에 따라 진행되지 않습니다. **변화는 일종의 거래입니다. 변화에 적응하든 도태되든 자기 자신과 하는 거래에 따라 결과가 달라집니다. 다른 사람은 이 거래에 관여하지 못합니다.**

변화에 적응하고 나아갈지는 당신이 결정할 문제이지 다른 사람이 결정할 문제가 아닙니다. 다만 언제든 조력자를 찾아 조언을 구할 수 있습니다. 이 사실을 잊지 않길 바랍니다.

부자가 되려면 적시 적소에 행운을 잡아야 한다는 말이 있습니다. 이 주장에 동의하나요? 아마 사람들은 대체로 이 주장에 동의할 겁니다. 하지만 이 주장에는 한 가지 빠진 게 있습니다. 지금이 적시 적소라는 사실 자체를 인식해야 한다는 겁니다. 기회는 늘 우리를 찾아오지만, 기회가 왔음을 인식하지 못하면 그 기회를 놓치고 맙니다. 우리가 거둔 성과는 우리의 의식 수준을 그대로 반영합니다. 부자가 되는 법을 깨우친 사람이 가난한 삶에 안주할까요? 그럴 리 없습니다.

모든 종교와 과학이 가르치는 바에 따르면, 우리가 바라는 모든 것을 얻을 길이 이미 우리 안에 있습니다. 그것이 사실이라면 우리는 왜 가난할까요? 우리가 깨닫지 못했기 때문입니다. 만약 우리가 의식 수준을 향상한다면 삶이 완전히 달라질 것입니다.

부의 창출에서 명심할 중요한 개념이 하나 있습니다. 돈이 목표가 아니라는 겁니다. 강조하는 의미에서 다시 말합니다. 돈은 목표가 아닙니다.

저를 찾아오는 사람들은 너 나 할 것 없이 돈을 많이 벌고 싶

Bob Proctor

다고 말합니다. 하지만 사람들이 진정으로 추구하는 대상이 돈이 아닙니다. 사람들이 좋는 것은 돈으로 살 수 있는 것이고, 원하는 일을 마음대로 할 수 있는 여가입니다. 그 말이 그 말이라고 할지도 모르지만, 이 사소한 차이 때문에 많은 이가 부자가 되지 못했습니다.

우리는 유년기를 거치는 동안 대체로 한 푼 두 푼 모아 목돈을 마련하는 게 돈을 버는 목적이라고 배웁니다. 이렇게 모은 돈은 미래에 닥칠지 모를 불행이나 사고 혹은 더는 일할 수 없는 때에 대처하게 해줍니다. 하지만 부자들은 돈이 움직일 때만 쓸모가 있다는 사실을 알고 있습니다. 돈을 은행 계좌에 넣어두어서는 부를 창출하지 못합니다. **부는 끊임없이 돈을 불리고 순환시키는 여정 속에서 창출됩니다. 순환이 멈추면 돈의 흐름도 멈춥니다.**

◈

부를 축적하는 길에는 수많은 장애물이 있는 것처럼 보입니다. 하지만 유일한 장애물은 우리가 돈에 관해 지닌 신념이나 생각, 감정입니다. 우리는 '눈으로 본 것만 믿는다'라고 배웠기 때문에 삶을 보는 관점이 부정적이고 회의적입니다. 부자들은 세상의 이치가 이 격언과 정반대라는 사실을 압니다. **꿈이 실현되는 것을 눈으로 보기 전에 먼저 그 꿈을 실현할 수 있다고 믿어야 합니다.** 이 신념이 백만장자와 보통 사람을 가르는 유일한 차이입니다.

부자가 된 사람은 모두 전문 지식이나 기술이 있었을까요? 그렇지 않습니다. 이들은 부자가 되는 특징을 갖추었을 뿐입니다. 부자가 되는 특징은 다음과 같습니다.

첫째, **자신의 마음에 귀를 기울이는 자세입니다.** 만약 대중의 말에 귀를 기울여서 부자가 될 수 있다면 세상 사람들은 대부분 부자가 되었겠지만, 현실은 그렇지 않습니다. 우리는 사랑하거나 존경하는 사람의 의견을 경청하려는 성향이 있습니다. 불행히도 우리는 그 사람들의 의견과 편견이 내 삶에 어떤 결과를 초래하는지 살피지 않고 무턱대고 그들의 의견을 받아들입니다. 그들의 말에 귀를 기울이는 이유는 그들이 성취한 것 때문이 아니라 그들에게 품은 애정 때문입니다. 하지만 부자가 되지 못한 사람이 어떻게 부자가 되도록 도울 수 있을까요?

둘째, **기회가 왔을 때 행동하는 능력입니다.** 기회를 놓치고 후회하거나 기회만 바라고 있는 사람이 많이 있습니다. 제가 경험한 바에 따르면, 기회는 애쓰고 노력할 때 이따금 들려오는 속삭임 같은 것입니다. 성공적으로 부를 쌓은 사람들의 전기를 읽으면 그 사람들이 퇴학이나 해고처럼 다른 사람들이라면 참담하게 느꼈을 비극적인 사건을 자주 겪었다는 것을 알 수 있습니다. 하지만 부자가 된 이들은 어려운 상황에 직면해도 그 상황을 기회로 보고 성공했습니다.

부자들은 부를 쌓는 일이 일회적 사건이 아니라 지속적인 '과정'임을 알고 있습니다. 부자가 되는 것은 어느 날 종착역에 도착하면 마무리되는 여행 같은 사건이 아닙니다. 하루아침에 부를 쌓는 일은 거의 일어나지 않습니다. 단기간에 부자가 된 이도 더러 있지만, 부의 마인드를 갖추기 전에 엄청난 부를 얻으면 그 부를 전부 잃어버릴 가능성이 더 큽니다. 복권에 당첨되었다가 몇 년 만에 무일푼 신세로 전락한 사람 이야기는 다들 들어보았을 겁니다. 그 사람들은 부의 마인드를 배우지 못했기에 부를 유지하지 못하고 결국 가진 돈도 모두 잃어버린 겁니다.

부의 마인드를 지닌 사람은 자신이 좋아하는 일을 합니다. 그 일을 하며 돈을 버는 거죠. 부를 외부에서 찾아야 한다고 여기는 사람이 많지만, 사실 부는 내 안에 존재합니다. 사람은 누구나 좋아하는 일이 있고, 마음만 먹으면 자신이 좋아하는 일로 돈을 벌 수 있습니다. 엄청난 부를 창출한 사람들은 자신이 좋아하는 일을 하기에 성공한 것입니다. 많은 돈은 꿈의 실현에 뒤따르는 논리적 귀결일 뿐입니다. 부자는 꿈을 좇은 것이지 돈을 좇은 게 아닙니다.

가난하고 열악한 환경에서 성장한 사람도, 태어날 때부터 온갖 이득을 누리며 자란 사람도, 자신이 원하는 삶을 창조할 잠재력은 똑같이 갖고 있습니다. 부자가 되는 방법을 아무리 찾아다닌다 해도, **나도 성공할 수 있다는 사실을 믿기 전에는 삶이 달라지지 않습니다. 보이는 대로 믿는 것이 아닙니다. 믿는 대로 보게 됩니다.**

받은 복을 세어보라

✳

감사하는 태도를 지녀야 합니다. 자신이 처한 상황이 아무리 나쁘더라도 찾아보면 감사할 거리가 분명 있습니다. 세상에는 빈곤선 이하로 살아가는 사람이 많이 있습니다. 병들어 몸이 아픈 사람도 있고, 집을 잃은 사람도 있습니다. 그런 상황에서도 숨을 쉬는 것만으로도 감사한 마음을 느낀다고 하는 사람이 있습니다. 어떤 사람은 얼굴에 닿은 햇빛만으로도 감사한 마음이 든다고 합니다. 평범한 조건에 놓인 사람이라면 감사할 거리가 이보다 훨씬 많겠죠.

감사한 마음을 표현하면 놀라운 효과가 뒤따릅니다. 예전에 피닉스에서 세미나를 열었을 때의 일입니다. 당시 샌디 갤러거는 매우 힘든 시기를 보내고 있었습니다. 세미나를 마치고 피닉스를 떠나려는 제게 샌디는 함께 커피를 마실 수 있는지 물었습니다.

우리는 카페에 갔고 샌디는 좋은 태도를 유지하는 데 도움이 되는 방법을 몇 개 알려달라고 부탁했습니다. 저는 테이블에 놓인 냅킨을 집어 들고 이렇게 적었습니다. "**매일 아침 감사할 거리를 10가지 적으세요.**" 그러고 나서는 그 아래 이렇게 적었습니다. "**당신을 힘들게 하는 3명을 떠올리며 사랑하는 마음을 품으세요.**"

대부분의 사람이 이 조언을 실천하는 걸 어려워합니다. 자신을 힘들게 하는 사람에게는 나쁜 에너지를 보내기 마련이니까요. 하지만 그래서는 내게 도움이 되지 않습니다. 사랑하는 마음을 품어야 합니다. 사랑하는 마음을 품는 것이 자기 자신에게 유익합니다. 나를 힘들게 하는 사람들에게 사랑하는 마음을 보냄으로써 내 마음은 좋은 주파수와 공명하게 됩니다.

제가 샌디에게 제시한 세 번째 조언은 **5분간 가만히 앉아 하루를 어떻게 보낼지 생각하라**는 것이었습니다.

샌디는 세미나를 마치고 가족이 있는 하와이로 갔습니다. 어머니와 동생과 함께 시간을 보내면서 제가 말한 세 가지 조언을 매일 아침 실천했다고 합니다. 감사할 거리를 10가지 적고, 자신을 힘들게 하는 사람 3명을 떠올리며 사랑하는 마음을 품었습니다. 그런 후에 가만히 앉아 5분 동안 그날 하루를 어떻게 보낼지 생각한 거죠.

샌디와 동생, 어머니는 바보 같은 조언이라고 생각하면서도 제 조언을 실천했다고 합니다. 그리고 세월이 지나 지금은 이 조언이 자신들의 삶을 크게 바꿔놓았다고 말합니다.

월리스 D. 와틀스는 『부자가 되는 과학적 방법』의 한 장을 전부 할애해 감사하는 마음을 설명했습니다. "마음을 조정하고 조율하는 방법을 한마디로 요약하면 감사하는 마음이다." 다시 말해 번영의 법칙을 따르는 것입니다.

마음을 조정하고 조율한다는 것의 의미를 살펴봅시다. 가령 자금 부족, 사업상 난관, 인간관계 갈등처럼 어려운 문제에 봉착하면 사람들은 그 문제에 몰두하곤 합니다. 이렇게 하면 우리 에너지는 어디로 흘러갈까요? 자신을 괴롭히는 문제에 집중됩니다. 그러면 문제는 더욱 커지죠.

워틀스는 이렇게 행동하면 안 된다고 조언합니다. 제 생각도 마찬가지입니다. 마음을 조율하려고 노력해야 합니다. 시선을 돌려 자신이 원하는 것에 초점을 맞춰야 합니다. 자신이 원치 않는 것에 주의를 집중하며 거기에 시간을 들이지 말라는 뜻입니다.

그러면 이 조언을 어떻게 실천할 수 있을까요? 문제에 이렇게 대응해봅시다. 문제가 너무 많아 어찌할지 모를 때는 그와 관련한 모든 일을 잠시 멈춥니다. 그런 다음 감사하게 여길 것들을 떠올립니다. 이 일은 생각보다 쉽지 않습니다. 하지만 감사하는 순간 모든 게 변하기 시작합니다. 마술사가 손가락을 딱하고 튕기는 순간 변화가 일어나듯 감사의 마음을 품는 순간 문제들이 달라집니다.

감사하는 마음을 품으면 부정적인 에너지가 긍정적인 에너지로 전환되며 자신의 삶에 바람직한 것들을 끌어당기게 됩니다. 이미 자신에게 있는 것들을 생각하며 감사한 마음을 품을 때 좋은 것을 더 많이 끌어당길 수 있습니다. '감사하는 마음'이 어떤 효과를 내는지 한 달간 매일 공부하면, 장담컨대 당신의 인생은 완전히 달라질 겁니다.

워틀스는 또 이렇게 말했습니다. "감사하는 마음을 품을 때 우리는 가장 좋은 것에 시선을 고정하기 마련이다. 따라서 우리 마음이 긍정적으로 변한다. 우리 마음은 가장 좋은 것 혹은 가장 좋은 속성을 띨 때 좋은 것들을 끌어당긴다."

감사하는 마음을 품는 순간 우리는 에너지의 원천과 연결됩니다. 그리고 좋은 것들을 끌어당기기 시작합니다.

세상을 위해 아이디어의 도구가 되라

✤

사람들은 에너지 넘치는 사람을 보면 "저 사람은 대체 어디서 저 많은 에너지를 얻은 걸까?"라고 말합니다. 하지만 에너지는 외부에서 얻는 게 아닙니다. 자기 안에 흘러 들어온 에너지를 활용할 뿐이죠. **우주의 무한한 에너지가 우리 안에 흘러 들어왔다가 흘러나갑니다. 따라서 에너지는 부족해질 일이 없습니다.**

퇴근하고 집에 돌아오면 기운이 하나도 없다는 사람들이 있습니다. 이 사람들에게는 어떤 문제가 있을까요? 이들은 삶이 지루합니다! 지루함이란 창의성이 부재한 상태를 말합니다. 이런 사람들은 아마 창의적인 생각을 떠올려본 적도 없을지 모릅니다. 삶이 지루한 사람들은 남들과 똑같은 방식으로 살고,

남들이 하는 대로 행동합니다.

우리는 어려서부터 다른 사람들이 하는 것을 따라 하라고 배웁니다. 다른 아이들과 어울리며 그 아이들처럼 되려고 합니다. 어른이 되어서도 다른 사람들이 하는 행동을 따라 하며 지냅니다. 하지만 사람은 고유한 존재여서 결코 다른 사람과 같아질 수 없습니다.

저는 항상 새로운 아이디어가 넘칩니다. 아이디어를 실현하는 방법을 모르더라도 높은 목표를 세웁니다. 그 목표를 성취하게 될 게 분명하기 때문입니다. 저는 목표를 어떻게 달성할지 모르더라도 겁이 나지 않습니다. 두렵기보다는 설레고 가슴이 뜁니다.

제가 경험한 바에 따르면, 사람들은 경직된 분위기의 회의실보다 편안한 환경에서 논의하고 생각할수록 새로운 아이디어를 잘 떠올립니다. 저는 주방 식탁에 앉아 낙서하며 브레인스토밍하거나 한가롭게 창밖을 내다볼 때 좋은 아이디어가 떠오르곤 합니다.

알프레트 아들러가 이런 말을 했습니다. "나는 아이디어가 나를 도구로 써주었다고 생각하기 때문에 그 아이디어에 감사한다." 만약 당신이 어떤 아이디어에 사로잡혀 그 아이디어를 실현할 날을 간절히 바란다면 더욱더 그 아이디어에 고마움을 느끼게 될 겁니다. 그 아이디어가 당신을 움직였기 때문입니다.

어떤 아이디어가 떠오를 때 마음이 설레고 실현하고픈 의욕이 드나요? 마음을 설레게 한 아이디어가 생각나지 않는다면 가만히 앉아 이미지를 떠올려보세요. 모든 것은 이미지를 떠올리는 것에서 시작됩니다. 비물질적 에너지는 항상 물질적 형태를 띠려고 합니다. 다른 생명체와 달리 창조성을 부여받은 인간은 머릿속에 비전 혹은 이미지를 생성할 능력이 있습니다.

오늘날 우리가 이용하는 모든 문물은 누군가 머릿속에서 떠올린 이미지에서 시작되었습니다. 하지만 사람들은 다른 사람에게서 천재성을 발견하면서도 정작 자신에게서는 그런 가능성을 발견하지 못합니다. 우리는 모두 창의적이고, 혁신적이고, 강력한 잠재력을 지니고 있습니다. 우리 안에 잠든 천재성은 발현되기만을 기다리고 있죠. 불만족스러운 삶을 그대로 이어가지 말고, 하루라도 빨리 중단하고 달라져야 합니다.

Bob Proctor

어떤 이는 날마다 머릿속에서 새로운 아이디어가 샘솟는다고 합니다. 굉장한 일이죠! 하지만 아이디어가 떠올랐을 때 그것을 실현하려고 행동하지 않으면 아무 쓸모가 없습니다. 만약 실행에 옮겨 아이디어를 구현한다면 그것이 우리 인생을 송두리째 바꾸게 될 겁니다. 아니, 세상을 바꿀지도 모릅니다!

지금 사용하는 컴퓨터나 페이스북 혹은 유튜브를 처음 떠올린 사람이 당신이었다면 어땠을지 상상해보세요. 스마트폰을 창조한 사람이 얼마나 많은 돈을 벌었을지 생각해봐도 좋습니다. 그처럼 되고 싶지 않은가요?

안타깝게도 거의 모든 아이디어가 빛을 보지 못하고 사라집니다. 사람들이 떠올린 아이디어는 대체로 머릿속에서 생명을 잃고 사라집니다. 근사한 아이디어, 어쩌면 인생을 바꿔놓을지도 모를 아이디어가 안개처럼 흩어지고 마는 거죠. 이유가 뭘까요?

앞에서도 언급했지만 무슨 일이든 시작이 어렵기 때문입니다. 우리가 받은 교육도 우리의 발목을 잡습니다. 어렸을 때는 상상력을 마음껏 펼치다가 학교에 들어가면 상황이 180도 바뀝니다. 교육 시스템이 우리의 상상력을 빼앗아버립니다. 상상의 나래를 펼치다가는 수업에 집중하지 않는다고 야단맞기 일쑤죠.

하지만 이젠 학창 시절의 일은 잊어야 합니다. 다시 상상의 나래를 마음껏 펼칠 때입니다. 앤드루 카네기는 제조업이나 철강업에 관해 아무것도 몰랐지만 철강왕이 되었고, 세계에서 가장 부유한 사람이 되었습니다.

아무것도 모르는 분야에서 카네기는 어떻게 갑부가 되었을까요? 카네기는 자신의 팀을 꾸렸습니다. 중요한 위업을 달성한 사람 가운데 혼자 힘으로만 모든 일을 해낸 사람은 아무도 없습니다.

좋은 아이디어가 빛을 잃지 않도록 소중히 지켜야 합니다. 그 아이디어를 구현하는 데 도움이 필요하다면 조력자를 구해야 합니다. 가치 있는 아이디어라면 평생을 바쳐서라도 실현해야 합니다. 원대한 아이디어가 당신을 통해 세상에 모습을 드러내길 바랍니다.

밥 프록터의 진짜 사명

밥 프록터에 관해 한 가지 분명히 짚고 넘어갈 사실은 그가 동기부여 강사가 아니라는 사실이다. 밥은 자신을 동기부여 강사로 여기지 않았다. 스텔라 애들러가 연기하는 법을 가르쳤다면 밥은 살아가는 법을 가르친다. 하지만 밥이 가르치는 것은 당장의 문제를 해결할 임시방편이 아니다. 그는 우리의 발목을 붙잡는 문제의 근원으로 바로 들어가 인생을 제대로 살도록 안내한다.

밥은 높은 이상을 지닌 사람이다. 그의 신념에 따르면 우리는 삶에 안주하면 안 되고, 삶을 즐길 수 있어야 한다. 아픈 데 없고 앓는 병이 없는 수준이면 충분한 게 아니다. 매우 건강하고 활력이 넘치는 삶을 꿈꿔야 한다. 공과금을 내고 일 년에 한 번 휴가를 다녀올 수준이면 충분한 게 아니다. 원하는 일이라면 뭐든 할 수 있는 삶을 꿈꿔야 한다.

밥은 이 모든 게 가능할 뿐 아니라 한 가지만 배우면 누구나 그렇게 살 수 있다고 확신한다. 바로 우주의 법칙에 따라 살아가는 것이다.

밥은 이 사실을 쉽게 깨우치지 않았다. 수십 년에 걸쳐 나폴레온 힐의 『생각하라 그리고 부자가 되어라』를 반복해서 읽고 공부한 덕분에 통찰을 얻었다. 그는 멘토인 얼 나이팅게일과 오랜 세월 협업하고 우주의 법칙을 알려고 온갖 지식을 섭렵했을 뿐만 아니라 그 결과를 자신의 삶에 적용했다.

이 책은 평범한 자기계발서가 아니다. 밥은 평범한 사람이 아니기 때문이다. 그는 대중의 판단을 좇으며 평범하게 사는 것을 싫어한다. 대중은 자신이 누구인지, 자신이 진심으로 원하는 것이 무엇인지 모르고, 큰 목표도 없이 살아가기 때문이다.

이 책에 실린 23개의 강좌는 건강하고 행복하고 부유하게 살려면 따라야 하는 표준 방법론을 제공하려는 것이 아니다. 그보다 원대한 목표가 있다. 밥이 이 책에서 가르치려 한 것은 자신이 누구인지 깨닫고, 의식 수준을 높여 우주의 법칙과 조화를 이루며 살아갈 때 무엇을 실현할 수 있는지 알아내는 것이다. 그것은 일주일만에 강의실에서 배울 수 있는 것이 아니다. 평생에 걸쳐 익혀야 하는 내용이다. 그래도 이 법칙을 이해하고 의식적으로 삶에 적용하려는 노력을 기울인다면 우리 삶은 나날이 더 나아질 것이다.

샌디 갤러거

옮긴이 **이주만**

서강대학교 대학원 영어영문과를 졸업했으며, 현재 번역가들의 모임인 바른번역 회원으로 활동 중이다. 옮긴 책으로는 『미라클 모닝 밀리어네어』『아이를 위한 돈의 감각』『힘이 되는 말, 독이 되는 말』『끌림』 등이 있다.

서문 **샌디 갤러거**Sandy Gallagher

은행법 전문 변호사로 인수합병과 기업공개를 비롯해 수십억 달러 규모의 거래를 주로 다뤘고,《포천》500대 기업의 이사회에 자문을 해왔다. 갤러거는 밥 프록터를 만나 자신의 잠재력을 실현하며 놀라운 삶을 경험하게 됐고, 이후 자기뿐 아니라 수많은 이의 삶을 변화시키는 일에 나서게 된다. 갤러거는 프록터 갤러거 인스티튜트의 공동 설립자이자 최고경영자로서 밥 프록터와 함께 강연 무대에서 청중을 만나왔다. 밥 프록터가 사망한 이후에는 프록터 갤러거 인스티튜트의 단독 최고경영자가 되었으며, 밥 프록터의 전수자로서 그의 메시지를 전달하는 데 힘쓰고 있다.

밥 프록터 부란 무엇인가

부를 끌어당기는 7일간의 위대한 수업

펴낸날 초판 1쇄 2023년 12월 29일
　　　초판 2쇄 2024년 1월 19일
지은이 밥 프록터
옮긴이 이주만
펴낸이 이주애, 홍영완
편집장 최혜리
편집2팀 박효주, 문주영, 홍은비, 이정미
편집 양혜영, 장종철, 김하영, 강민우, 김혜원, 이소연
디자인 김주연, 기조숙, 박정원, 윤소정, 박소현
마케팅 김태윤
홍보 김철, 정혜인, 김준영, 김민준
해외기획 정미현
경영지원 박소현
펴낸곳 (주)윌북 **출판등록** 제 2006-000017호
주소 10881 경기도 파주시 광인사길 217
전화 031-955-3777 **팩스** 031-955-3778
홈페이지 willbookspub.com
블로그 blog.naver.com/willbooks **포스트** post.naver.com/willbooks
트위터 @onwillbooks **인스타그램** @willbooks_pub
ISBN 979-11-5581-668-4 03320

Bob Proctor